国家出版基金项目
NATIONAL PUBLICATION FOUNDATION

辛亥著名人物传记丛书

章太炎
邹容

马勇 著

团结出版社
UNITY PRESS

图书在版编目（ＣＩＰ）数据

　　章太炎　邹容 / 马勇著. -- 北京：团结出版社，
2011.6（2021.3 重印）
　　（辛亥著名人物传记丛书）
　　ISBN 978-7-5126-0426-1

　　Ⅰ. ①章… Ⅱ. ①马… Ⅲ. ①章太炎（1869～1936）
一传记②邹容（1885～1905）一传记 Ⅳ. ①
B259.25②K827=52

　　中国版本图书馆 CIP 数据核字(2011)第 073742 号

出　版：团结出版社
　　　　（北京市东城区东皇城根南街 84 号　邮编：100006）
电　话：(010) 65228880　65244790　（出版社）
　　　　（010）65238766　85113874　65133603（发行部）
　　　　（010）65133603（邮购）
网　址：http://www.tjpress.com
E-mail：zb65244790@vip.163.com
　　　　tjcbsfxb@163.com（发行部邮购）
经　销：全国新华书店
印　装：三河市东方印刷有限公司

开　本：170mm×240mm　　16 开
印　张：18
字　数：235 千字
版　次：2011 年 6 月　第 1 版
印　次：2021 年 3 月　第 2 次印刷

书　号：978-7-5126-0426-1
定　价：46.00 元

辛亥著名人物传记丛书
总序言

整整一百年前，在中国处于半殖民地半封建黑暗统治的时代，爆发了一场对中国历史发展进程产生巨大影响的革命，这就是以伟大的革命先行者孙中山为代表的革命党人发动的辛亥革命。这场革命，是中国近代历史上一次比较完全意义的反帝反封建的民族民主革命，它推翻了清朝政府，结束了中国几千年的封建君主专制制度，同时沉重打击了帝国主义在华侵略势力。中华民国的建立，标志着中国历史进步的新纪元。辛亥革命极大地推动了中华民族的思想解放，为中国先进分子探索救国救民的道路打开了新的视野，八年后，五四运动爆发；十年后，中国共产党诞生。辛亥革命开启的革新开放之门，对于推动中国社会的发展与进步具有不可估量的历史功绩和伟大意义。

以孙中山为代表的革命党人，在开启思想闸门、传播先进思想、点燃革命火种、推动历史进步的过程中发挥了重要作用。他们站在时代前列，为追求民族独立和民主自由而向反动势力宣战；他们不惜流血牺牲，站在斗争一线浴血奋战；他们具有坚定的信念和坚强的意志，愈挫愈奋，在失败中不断汲取和凝聚新的力量；他们适应历史发展的趋势，与时俱进，不断修正前进的方向和斗争的目标。正是因为有了这样一批革命先驱和仁人志士，才有了辛亥革命的爆发，也才有了以此为开端的中国民族民主革命的不断发展和最终胜利。当然，我们在分析评价历史人物时，既要看到他们有超越时代的进步性，又要看到他们不可避免地受到社会客观条件影响而具有的局限性与片面性，这是我们在看待历史人物时应当坚持的历史唯物主义态度，也就是既不文过饰非，也不苛求前人。

几十年来，关于辛亥革命及其重要人物的研究工作不断深入，也陆续出版了大量的图书、画册等，但仍然不十分系统和完整，有些出版物受到时代因素和其他客观条件的影响，难免有失偏颇和疏漏。在即将迎来辛亥革命100周年的时刻，团结出版社编辑出版了本套《辛亥著名人物传记丛书》，并得到国家出版基金的资助，这充分表明了国家对于辛亥革命历史研究的重视。这套丛书的出版，无疑是一件非常有意义的事，既可以对辛亥革命的研究工作起到重要的填补空白和补充资料的作用，同时也是对立下丰功伟绩的仁人志士的纪念与缅怀。

为了保证本套丛书的编辑质量，编辑委员会在民革中央的领导下，做了大量认真细致的组织工作，特别是邀请了著名专家金冲及先生、章开沅先生、李文海先生担任顾问，他们在百忙之中分别对本套丛书的编辑思想、人物范围、框架体例、写作要求等方面提出了重要的指导性意见，成为本套丛书能够高质量出版的重要保证。此外，参与本套丛书写作的，都是在近代历史和人物的研究方面卓有建树的专家学者，他们既有对辛亥革命历史进行深入研究的学术功底，又有较丰富的写作经验和较高的文字水平，因此，我们可以寄希望于本套丛书的出版，会对推动辛亥革命及其重要人物研究工作的不断深入起到重要作用，对弘扬爱国主义、提高民族凝聚力，实现中华民族的伟大复兴产生积极的影响。

周铁农

2011 年 3 月 16 日

目　录

邹 容

引 言

　　辛亥革命是中国近代史上一次重要的反帝反封建的民族民主革命。这场革命是各方面因素综合发酵的结果，也是各方面人士共同奋斗的结果。所以我们讲辛亥革命的成功，不是哪一个人的成功；讲辛亥革命的失败，也不是哪一个人的失败。辛亥革命是千千万万先知先觉者的共同奋斗，也是千千万万先知先觉者的共同牺牲。

　　在辛亥革命这千千万万先驱者群体中，有一个人物需要特别注意，这就是章太炎。章太炎是最先提出"中华民国"这个概念的人，也是最早对这个概念作出最明晰的解释和界定的人。只是章太炎的脾气太过古怪，他原本与孙中山是很好的合作者，可是在后来却总是对孙中山的做派行事看不惯。在革命最吃紧的当口，章太炎与孙中山闹分裂；在革命初步成功之后，章太炎每每与孙中山唱反调，总是以政治反对派自居。

　　不独对孙中山，对于民国时期政坛人物，除了黎元洪，章太炎似乎一个都看不上，几乎全部给抨击了一遍。

　　或许正是因为这些"不良习惯"，因而在有关辛亥革命的严肃的历史书中，章太炎竟然很长时间没有进入辛亥革命先驱者之列。如果我们以客观的眼光来看待这段风云历史，这的确有失公允。

　　本书将章太炎人生的主要活动放在了中国近代史发展的进程中，客观叙述了章太炎民主革命思想的发展轨迹、在辛亥革命前后的主要活动，展示了这位中国民主革命家、思想家和"一代儒宗"的别样风采。

同时，书写中国近代史、书写中国民主革命思想的发端和鼓吹者，我们不能不提及一个重要人物——邹容。"革命军中马前卒"邹容所撰述的《革命军》一书，影响了无数中国近代民主革命志士。倡言民主，宣传革命，号召推翻清政府统治，是邹容人生中的华彩篇章。

　　邹容是一位民主革命家，其短暂而闪光的20年人生在中国近代史上书写了非凡的一页。本书简要地介绍了邹容的身世生平及成长历程，讴歌了这位年轻革命者勇于献身的风采，是当今读者了解传主的一个简明读本。

章 太 炎

按照鲁迅的说法，章太炎是"有学问的革命家"。他之所以有学问，是因为他有很好的家庭背景，接受过良好的学术训练，更重要的是，由于机缘巧合，章太炎是同时代读书人中真正自觉不在科举道路上奔跑过、用功过的少数人，真正将学问作为生命的一部分去看待，因而能够获得真学问，成为一代宗师。

一、一个家族的奋斗与衰落

章太炎初名学乘，名炳麟，字枚叔，或写作梅叔。后因仰慕明末清初爱国者顾炎武的为人和情操，遂用顾炎武的本名"绛"而改名为章绛，号太炎。太者，大也；大者，弘扬也，发扬光大也。所谓太炎者，就是要继承顾炎武的精神与情操，有所超越、有所创造。这大概是章太炎为自己定名的真实意思。

此外，章太炎在后来还使用过不少笔名，据不完全统计，有章燐、章缁、绛叔、西狩、日本西狩祝予、末底、戴角、独角、匔汉阁主、台湾旅客、知拙夫、亡是公、支猎胡、支拉夫、陆沉居士、刘子政私淑弟子、刘子骏之绍述者、毛一、萧海琳等。

1869年1月12日，也就是清同治七年十一月三十日，章太炎生于浙江余杭东乡仓前镇，那是一个具有美丽传说的古老小镇，原名灵源，其历史可以追溯到800年前的南宋绍兴年间。

今天的仓前镇，位于杭州西北近郊，距市中心15公里。杭州市的文一西路贯穿全镇，境内祥仓、余仓、良仓、上仓等公路以及东西大道纵横交错，陆路交通非常便捷。

除了便捷的陆路交通，仓前镇境内的水系也非常发达，余杭塘河横穿全境，东苕溪紧贴其西。西南边缘有宋家山、万金山等丘陵，东北角有寡

章太炎故居

山、吴山孤峙，与平原隔水相望，形成山水相嵌的优美景色。

根据章太炎在自定年谱中的考订，其先族并不是仓前本地土生土长，而是自浙江桐庐迁徙而来，时间大约在明朝初年，距章太炎出生已有 500 年的时间了。

桐庐也具有久远的历史，始建于三国东吴，后一度并入钱塘。至唐武德年间，又分置分水及桐庐。此后分分合合，所以章氏家族的原籍更准确的说法是浙江分水。

章氏家族迁至余杭之初的情形我们已经不太知道了，我们能够知道的只是从章太炎的曾祖一代开始。仍然根据章太炎的考订，其曾祖名均，字安圃，一作安溥，自署治斋。生于 1769 年（乾隆三十四年），卒于 1832 年（道光十二年），享年 64 岁。

按照章太炎的说法，章家似乎也曾有过辉煌的历史，创造了一定的家业。章均在前人奋斗的基础上继续努力，据说使家产增至百万之巨，富甲一方。

良好的经济条件并没有使章均沉沦，反而激发了他的向上心，于是入县学为增广生。所谓增广生，其实就是科举制度的计划外招生，在正常的廪膳生员之外。

不管是计划内还是计划外，这个学历的含金量却是一致的。按照科举制度的惯例，章均的这个学历还是起到了作用，在学成后被分派至海盐县担任儒学训导，打个并不非常准确的比方，就是到海盐县担任县立中学的副校长，这多少进入了官宦序列，是传统中国社会典型的乡绅了。

乡绅就要像个乡绅的样子，就要为家乡做点贡献，于是章均捐资万余在余杭东门桥北首白塔寺前创办了一所笤南书院，并为这所书院筹集了一笔基金，购置了一些土地，以作为学生的生活补贴和教职员工的薪水。

创办书院为家乡作贡献，对于族人，章均也有考虑和安排。他设法筹资购置了千亩良田为"章氏义庄"，其收入专门用来救助族中孤寡残疾老弱者，以及族中贫困家庭的婚葬嫁娶红白喜事的开销。

为了家族中子女读书，章均还创办了义塾，专门招收族中适龄儿童读书进学。对于弟子读书优异者，比如能够考上县学的，义塾仍然给予资助，免除其后顾之忧。

章氏在当地确实是一个大家族，根据章太炎的说法，当年族人有三百多人，其适龄儿童也是一个不小的数字。这确实是一个善举，救助了族人，培养了人才，据说有些人真的学有所长，为一方冠冕，章均因此获得族人衷心爱戴。

章均共有6个儿子，因此当他1832年去世后不久，6个儿子理所当然析产分家，各自独立，尽管这兄弟6人在此后依然门户相连，无日不相往来，然而章均一手开创的家业在这种一分为六的情形下未免一切都要从头开始。

章太炎的祖父章鉴是章均最小的儿子，生于1802年（嘉庆七年），所以当章均去世时，章鉴正值而立之年。

章鉴字聿昭，自署晓湖。少年时代良好的家庭背景使他有条件静心向学，入县学深造，原本有机会在科举道路上一展身手，不料，章鉴对功名利禄似乎看得很淡，廉靖乐道，不愿交接世俗，无意于仕宦。特别是当他受学于项先生，因项先生之介绍得以结识许多德高望重的有识之士，知百家学术博大精深，绝不限于科举小道。从此后，章鉴决心在真学问上下功夫，有了多余的款项，第一件事就是购买图书，经过若干年的积攒，按照章太炎的说法竟然收藏有宋元明珍本至五千卷，日督子弟讲诵，自己则就"春风草庐"讽咏其下，终成学富五车的饱学之士，这大约也是章太炎得以成为大学者的客观条件，或遗传因素。

人到中年，章鉴原本可以在学术上开宗立派，自成一家，不料此时他的妻子被庸医误诊不幸而逝。这对章鉴是致命一击，从此后他将全部精力用在攻读医书上，自周秦及唐宋明清诸方书莫不熟读成诵，不经意间成为远近闻名的医术高手。

章鉴研读医书的本意并不在悬壶济世，特别是他的家境在当时还算不错，所以有家贫无力支付医药费诊疗费的患者前来问诊，章鉴坚决拒绝患者的馈赠，处方不过五六味，就可以让那些危症或疑难患者的病情在十天半个月之间立见好转。章鉴之所以坚持处方不要复杂的原因，是因为他相信药多则治不专，各种药物相互牵制，相互抵消，反而影响药效的发挥。这个认识应该说是有道理的。

太平天国运动爆发后，江浙地区受到很大影响。当太平军1860年占领余杭时，章鉴率领全家走上逃亡之路，家无余财，自顾不暇，仍为穷人下药，据说有上千人得益于章鉴的古道热肠和高超医术。当然，章鉴在这个不得已行医过程中，也顺带解决了家中的经济困难，度过了一个最艰难的时期。

还有一个未经章太炎认同的传言，说章鉴在不得已行医的时候，曾为太平军一位将领治过病，因而太平军任命他为乡官。章鉴原本对大清国的官场都不感兴趣，所以对太平军的乡官似乎也不太在意，因而没干多久就找个借口溜之大吉了，继续悬壶济世，行医民间。但凡收入够家里一日之用，就将多余部分分润族人或乡邻，救死扶伤，乐善好施。1862年，章鉴不幸病逝，享年62岁。

根据章太炎的说法，章鉴先后或同时娶有两任太太，一个姓黄，一个姓孙。两个太太总共生了4个儿子，章太炎的父亲章濬在四兄弟中排行老大。

章濬生于1825年（道光五年），到了其父章鉴去世时，已经37岁，早已成家立业。根据章太炎的记载，章濬字轮香，又写作楞香，自幼聪明过人，口齿伶俐。由于良好的家庭背景，拥有一般家庭所不具备的丰富藏书，因而章濬自幼就养成了好读书的习惯，博览群书，博学多识，为文华妙清妍，尤其在诗词创作方面似乎有着不凡的天赋，以康熙年间著名诗人查慎行为法，崇尚诗之厚，在意不在辞；诗之雄，在气不在直；诗之灵，在空不在巧；诗之淡，在脱不在易。其作品大约以白描为尚，颇有成就。

聪明过人的章濬为章氏家族带来了新的希望，那时稍有办法的大家庭都希望子女能够在科举的征程中有所斩获。章濬在早期的科举考试中屡试优等，应该是一颗非常有希望的苗子。

1849年（道光二十九年），章濬将参加"拔萃科"考试，将入选，却受到一个或几个莫名其妙的匿名攻击，不得已，遂退出考试。此后，章濬还有至少七次被推荐参加考试的机会，但他似乎已心灰意冷，无动于衷，彻底放弃了获取功名的机会，不再拜入他人门墙，凭借祖上留下的丰富藏书，走上自学成才、自谋出路的道路。

1861年，也就是章鉴去世的前一年。太平军对余杭一带频繁骚扰，战祸连连，民不聊生，章濬跟随乃父章鉴和一大家子逃避兵燹之祸。他对于家中的财产金钱看得都很淡，在大乱之年，他除了保护家中老人和子女外，唯一器重和宝贝的就是章氏族谱，因为那里详尽记载着一个家族奋斗、希望和辛酸的历史。

太平军的骚扰使章濬感到失望和愤怒，所以当闽浙总督左宗棠率领清军于1863年反攻进入浙江至余杭县东南十八里的闲林镇，章濬闻讯后，行色匆匆前往奉献地图，并陈善后之策，受到清军礼遇和器重。

浙江平定恢复和平后，章濬带着家人重返故里。经过战火摧残，先前积聚的财富化为泡影，家无余财，一贫如洗，独留薄田一顷。章氏家族先前捐献的千亩良田创建的义庄，其所有地契券册也因战祸焚毁殆尽。江浙一带土地大量流失，战乱导致人民流转数岁，田地荒芜，许多土地成为无主之地。另外一个重要原因，是战争结束之后，大量军队被遣散，湘军中许多被遣散的军人原本就是农民，于是他们就地成家，在很短的时间里将那些一时无主的荒地据为己有。战乱导致凭据散失，空口无凭，土地的原有主人眼见着湘军如此蛮横也毫无办法，而章濬费尽心机，悉心钩稽，寻找证据，据理力争，终于找回七百多亩，于是重建章氏义庄，重修家谱和族谱，希望能够重振家族，重建辉煌。

一个家族的奋斗成功固然不容易，需要几代人的努力。而一个家族的衰败，特别是因外力而导致的衰败，也就在顷刻之间。在一片废墟上重建辉煌不是没有可能，而是太难，世异时移，过去的成功一般并不能复制。所以，章濬重振家族的努力，大概并没有多少效果。

家族中衰了，生活还得继续。原本对仕宦对政治兴趣不大的章濬，不得已也只好在江南浙西诸县做清客觅食，寻找机会。1867年，原翰林院编修、江南道监察御史谭锺麟就任杭州府知府，章濬被推荐进入其幕府，充当幕僚。两年后，谭锺麟升迁河南按察使，值社会动荡，民怨沸腾，农民群起闹事不断，章潏为谭锺麟出谋划策，立功至巨，成为谭锺麟身边重要助手。谭锺麟似乎已离不开章潏的协助，诚恳邀请章潏一同前往河南赴任，继续合作。

大约在杭州这样舒适的环境中生活久了，对中原的贫困生活怀有某种程度的恐惧，章潏以高堂年迈，不便远游，婉拒谭锺麟好意，辞职返回故里。

章潏辞职归里，在杭州府应该是一个新闻。前任知府薛时雨正在主持敷文书院，他对章潏的才华文辞及工作能力都非常欣赏，因此在获悉章潏在家赋闲的消息后，便诚恳邀请章潏前往敷文书院主持院务。不知什么原因，章潏对这个邀请依然不感兴趣。

在家乡，章潏一方面奉养老母亲安度晚年，一方面将希望寄托在儿子们身上，指导他们好好读书，时举藏书目录及平生师友学行督促鼓励，告诫诸子精研经训，博通史书，不要将精力用在无谓的辞章书画等末技上。当然，他在一定程度上也承认，假如真的能够专心一艺，有所成就，也足以自立。只是这一点可能太难了。

悠闲的乡绅生活使章潏颇感满足，他确实不再对仕途、幕府生涯感兴趣，只是余杭知县刘锡彤与章潏有很深的交情，磨不开面子，章潏接受刘锡彤的邀请出任余杭县学训导，因此而被卷入"杨乃武与小白菜"这场世纪官司，震动朝野，1877年清廷下令为杨乃武、小白菜平反昭雪，冤案制造者刘锡彤被发配黑龙江充军，章潏因曾介入此案，就此被革去县学训导。

重返故里的章潏并没有对生活心灰意冷，他一方面利用自己祖传岐黄之术为乡亲近邻看病救人，一方面则以诗词自娱，自得其乐。同时，章潏不忘乡绅本分，竭尽所能为家乡故里做些事情，他组织家乡耆老修复余杭东乡废弛已久的水利工程，组织垦荒，组织修塘，风尘仆仆，无一日之暇。

1890 年（光绪十六年），章濬病逝故里，享年 66 岁。

二、童年记忆与想象重构

如果从 1769 年章太炎的曾祖章均开始算起，至 1869 年章太炎出生，首尾相连刚好一百年。这一百年正是中国历史大变动的时代，传统中国在西方强力压迫下，开始缓慢地向近代转变。章氏家族在这一百年间奋斗不止，有过辉煌，有过灿烂，然而形势比人强，到了章太炎出生的时候，章氏家族其实已经走向没落，章太炎的父亲章濬尽管聪明过人、勤奋过人，但依然没阻止住其家族沉沦。不过值得庆幸的是，章氏家族可能在经济上沉沦了，但一百年的修炼，三代人的奋斗，还是使章氏家族养成了一定的文化氛围，其后代子孙在这种氛围影响下，差不多都走上读书人的道路。

根据章太炎的记录，章濬一生共有两个太太，一个姓陆，一个姓朱。两个太太总共为他生了 4 个儿子和 1 个女儿。长子不幸夭折，其详细情况不太清楚，存活的有三子一女。

长子夭折，其他几个子女的顺序也就相应调整。次子也就成了长子，成了伯兄。伯兄章箴，初名炳森，字椿伯，比章太炎年长 16 岁，大约出生于 1853 年，此时他们的父亲章濬 28 岁。

章箴年 10 岁能通《论语》，因而受到章濬的喜爱，倾注了不少心力加以培养。适遭太平军之乱，章氏家族在那几年东奔西走，转徙沟壑，跋涉于逃亡途中，长达三年之久。战乱结束，章家的荣华早已凋谢，风光不再。此时有人劝逐渐长大成人的章箴弃文从商，重振家业，但遭到其父章濬的坚决反对。其实，章箴个人兴趣也在读书上，对未来的考虑也与章濬的设想一致，那就是循着那个时代一般读书人的道路走，金榜题名，光宗耀祖。

经过三年努力，章锡对于儒家五经，有了相当理解，年 16 岁，也就是章太炎出生那一年（1869 年），章锡成为余杭县学正式生员。

或许是因为章濬的影响力，或许是章锡才华出众，年轻的章锡竟然获得杭州知府谭锺麟的青睐和器重，名声越来越大。28 岁那年，也就是 1881 年，章锡以廪膳生的身份参加科举考试，然而不知什么原因，并没有如愿以偿表现优异，获取佳绩。此后，凡八赴浙江乡试，1890 年金榜题名，时年 37 岁，成为一个年龄偏大的举人。此后又三次赴会试，次次空手而归，名落孙山，终于打消以科举获取功名的念头。

在科举体制下，多次考试不中的，也能够参照学历和能力给予适当的安排，于是章锡在放弃继续参加科举考试时，以劳绩被安排为县学训导，从此开始了自己的教育生涯，先后在建德、浦江等县主持教育，1900 年 47 岁时出任嘉兴府学训导，负责管理嘉兴中学校。

在嘉兴，章锡获得不错的业绩，获得各方面认同，任期满，受到同侪和上司的推荐，似有机会进入官场厮杀一番。只是章锡的个性淡于荣利，又承祖训，以为州县官吏多堕落不堪，寡廉鲜耻，不可轻就，章锡还是在其教育领域坚守。当新教育如火如荼在全国展开后，章锡被选为余杭教育会会长，兼负南湖水利方面的责任。预备立宪运动开始后，被派充浙江省咨议局议员。辛亥革命爆发后，浙江光复，章锡被推为临时省议会议员，只是因为身体不好而未能就职。民国元年，任余杭县议会议员。1914 年，县议会解散。是时，章锡 63 岁，年迈体弱，无心于俗务，遂杜门不出十余年，1928 年初卒于家，享年 76 岁。

按照章太炎的说法，章锡性格比较平和，不论是对仆人，还是对上司，从来都是不卑不亢，彬彬有礼，即便到了晚年不良于行，拄着拐杖，依然往来迎送必如礼。不论是在清时代充任教育官员，还是到了民国充当议员，章锡对待一切公务都是兢兢业业认真负责，事有不悉，不强言，然而对于乡邑事务持之至坚，不会轻易改变自己的主张。他在主持南湖水利事务时，以为将军塘衮坝为下游障碍，应该尽早整修。某公司数欲于运河南渠间行轮船，章篯以为南渠狭窄，两岸脆薄，轮船通过时势必激水冲刷堤岸，因而联络当地大佬力拒这家轮船公司的要求。轮船公司千方百计关说不遂，则愿意拿出千金作为抵押，表示轮船经过真的冲垮了两岸堤坝，那么就用这些钱进行修整，予以赔偿。当地大佬面对公司的诚意略有动摇，但章篯根本不为所动，他对这些大佬说，数千家田宅一旦被冲毁，可就不是这区区千金可以补偿。且金有尽，而激水冲刷两岸无已时，就是他们这家公司拿出巨亿款项也不足以弥补大家的损失。在章篯坚持下，后经官府调解，刻石永禁，保护了南湖两岸百姓的田地不受侵害。这样的例子在章篯一生中还有许多。

章篯曾拜钱塘名医仲昂庭为师，因而对章氏三代家传医学有很深的理解，有所发明和创造，只是他不愿在医学上过于张扬，因而外界知道的不多，但对章太炎则有至深影响，章太炎的医术，在很大程度上是接续章篯而发展。

如果要说章篯在人生方面还有什么遗憾的话，那就是他先后找了两个太太，都没有为他生育一子一女。不得已，章篯先是过继二弟章箴之子恒年为嗣，后又过继三弟章太炎的二女儿章㸅为女。

章篯的二弟章箴，字钟铭，生于1865年，长章太炎4岁，1902年浙江乡试举人。曾任杭州安定中学、宗文中学国文教员，浙江印铸局编纂等。1913年，任浙江图书馆监理兼编辑。不久，因馆长龚宝铨赴日本就医，遂被委任代理馆长。1922年起任馆长，直至1937年。在其主持馆务的数十年间，建树颇多，创办有《浙江"公立"图书年报》，更重要的是，将浙江省图书馆逐步规范化，成为现代中国最有名的公共图书馆之一。

章箴是近现代中国最著名的图书馆和版本目录学专家之一，主持刊行

《蓬莱阁地理丛书》、章学诚的《章氏遗书》。主持编辑有《浙江公立图书馆保存类图书目录》《浙江图书馆通常图书目录》及《乙卯补抄文澜阁四库全书目录》等。曾参与发起浙江省图书馆协会，被推为会长。参与发起中华图书馆协会，被选聘为执行部干事。

章濬的女儿名炳芹，为章太炎的妹妹，后来嫁给同乡张荫椿。张荫椿的经历我们并不是很清楚，但知他号砚孙，是1903年光绪癸卯科进士，后被任命为度支部福建司主事，也曾任浙江省图书馆文澜阁阁董，在文澜阁的整理保护方面做了一些有益工作。进入民国，曾因岑春煊的介绍，到爱俪园也就是后来所说的哈同花园广仓学窘从事抄抄写写的事情，因为他写有一手好字。1922年，广仓学窘闹起了风潮，校长的徐州派和教务长的四川派联合起来反对本地帮，然后徐州派与四川派内部交讧，闹得沸沸扬扬，无法收场。

广仓学窘是哈同夫妇在爱俪园创办的文化事业之一，在那些年编印了一些有价值的图书，张荫椿不仅因为能写一手好字，而且因为他是章太炎的妹夫，而章太炎与哈同夫妇有着不同寻常的关系。然而现在风潮弄得哈同夫人罗迦陵心烦意乱，以为拿钱买憔悴不如尽早结束广仓学窘，由此直接受到伤害的，当然是张荫椿这些人。

为了保住这个难得的饭碗，张荫椿给他的舅哥章太炎写了一封信，请他在方便的时候能够向罗迦陵夫人求情，通融通融。章太炎大约觉得自己直接向罗迦陵求情可能不是那么合适，遂转托岑春煊向罗迦陵说情。岑春煊的请求也没有挽回广仓学窘，罗迦陵夫人解散广仓学窘的决心不可动摇，她能够给的面子就是奉送张荫椿两个月的薪水作为补偿。

从广仓学窘退职的张荫椿生活一度陷入困境，在很长一段时间里都过得穷困潦倒不尽人意，章太炎对于这个妹妹充满关爱，在力所能及的范围内尽量予以关照，不时地送点零用钱或衣物之类，聊备一时之用。

穷困潦倒并没有使张荫椿、章炳芹一家失去生活的信心，更何况他们有一个很优秀的儿子张大壮。

张大壮生于1903年，原名颐，又名心源，字养初，号养庐，别署富春山人。张大壮1916年到上海，拜李汉靖为师习清初六家之一恽南田花卉技法，又从名画家汪洛年习山水。1920年入商务印书馆任美工，翌年为著名收藏家庞莱臣"虚斋"管理书画，因此机缘，得览名迹，心摹手追，画技大进，终成一代宗师，擅花鸟虾蟹蔬菜水果，笔墨老辣，生动活脱，极富生活气息，与江寒汀、唐云、陆抑非被誉为现代四大花鸟画家，或被称为花卉画四大名旦，是上海中国画院重要创办者之一。

在章太炎成长过程中，有着重要影响的还有他的外祖父朱有虔。朱有虔是浙江海盐享有盛名的学问家，他在章太炎9岁的时候，也就是1876年来到余杭女儿家，帮助指导章太炎兄弟读书。此后四年，朱有虔为章太炎讲解儒家经典大义，传授音韵训诂等艰深学问中最粗浅的内容，从而使章太炎对中国传统学问有了一定的基础。

朱有虔对童年章太炎的影响应该是深刻而全面的，但是他究竟是否向章太炎传授过民族主义思想，似乎还值得重新讨论。

按照章太炎后来的说法，他之所以反对满洲政府，是因为他建立了汉民族的主体意识，而这个民族主义思想发生的契机，主要得益于朱有虔指导他阅读蒋良骐的《东华录》。《东华录》对清中期发生的文字狱有详细记载，这些记载引起了章太炎对那些被迫害致死的戴名世、吕留良、曾静等人的深切同情。章太炎说，他的这种同情不是简单地从人性、人道出发，而是由此辨认出"夷狄"之别、"夷夏"之防。而章太炎之所以在小小年龄产生如此深刻的意识，据章太炎说是由他外祖父朱有虔启发明示的结果。朱有虔谆谆告诫，"'夷'夏之防，同于君臣之义"。章太炎问，这个说法前人是否说过？朱有虔说，王夫之、顾炎武等人早已说过，尤其是以王夫之的说法为甚。王氏认为历代亡国，无足轻重，只有南宋之亡，则衣冠文物亦与之俱亡。章太炎又问，明亡于清，反不如亡于李自成？朱有虔说，现在不必这样说，假如李自成得天下，李自成虽不善，其子孙未必皆不善。只是事已至此，无法作此假设而已。

进入民国，章太炎多次说过这个故事，只是在故事发生的时间上，章太炎每次叙说都有所不同。在自定年谱中，章太炎以为这个故事发生在9岁时，那一年，外祖父朱有虔刚到他家里辅导他读书；他对朱希祖说这个故事发生在十一二岁时；他在为《光复军志》作序时，称这个故事发生在十三四岁时；在致陶亚魂、柳亚子的信中，章太炎又说在十四五岁时；他在西牢狱中答《新闻报》时说这个故事发生在十六七岁时，说是不仅看了《东华录》，还看了《明季稗史》，不仅看到戴名世等人故事，还知道扬州十日、嘉定三屠，于是仇清之念固已勃然在胸。到了1933年，章太炎的这个故事细节更加丰满，朱有虔的说法也更加系统，朱有虔告诉章太炎，清初王夫之曾经说过，国之变革不足患，而胡人入主中原则可耻。于是排清思想遂酝酿于胸中。及读《东华录》至曾静案，以为吕留良议论不谬。于是章太炎遂发狂论，曰明亡于清，不如亡于李自成，因为李自成毕竟是汉人，非异族。短短几十年，朱有虔的教导，变成了章太炎的认识，称为章太炎的"狂论"。

朱有虔辅导章太炎读书在1876年至1880年间，也就是章太炎8岁至12岁（虚岁）。章太炎在自编年谱中还说，朱有虔1880年回海盐后，他的父亲章濬正在家赋闲，于是接替了朱有虔，负责督导章太炎读书。家中藏书有《东华录》，他常偷偷取出查看，见戴名世等人惨案，甚不平，因念《春秋》"夷狄"之旨。章太炎在这里还特别强调，他的这些阅读和想法，其父章濬并不知道。

很显然，章太炎的这些说法有着不易化解的内在冲突，时间的不一致还算小事，关键是章太炎此时即 1880 年究竟是否会有反对清政府的民族主义思想？答案无疑是否定的，是章太炎用后来的思想观念和想象重新建构其童年记忆。

其实，章太炎这一系列矛盾的说法都是他根据后来的认识所发挥所演绎的，他不仅在 1876 年 8 岁时没有"反清"意识，即便到了 1884 年章太炎 16 岁的时候，他的民族主义依然没有觉醒。理由很简单，因为尽管他此时患有严重的眩厥病，但他并没有放弃对科举的追求。他在与弟子诸祖耿谈话时说自己家无多书，年十四五岁，循俗为场屋之文，尽管这种枯燥的复习练习索然无味，但他照样要为 16 岁那年也就是 1883 年的科举考试进行准备。只是后来由于他的眩厥病越来越重，他的父亲终于不再对他抱有多大希望，让他随着兴趣随便读书。科举考试或许由此少了一个进士或状元，但这种自由阅读确实造就了章太炎学问的博大精深。但是，我们不能以章太炎后来因病没有参加科举考试而相信他此时就有"反满"思想，不能用后来的思想倒推他先前的认识。更何况，他的长兄章篯此时依然还在科举道路上矻矻爬行。1890 年，章篯经过八次考试终于获得了举人。此后又用数年时间三赴会试，只是功夫不到，运气不佳，屡试不中，直到 1900 年 47 岁不得已放弃这个选择。至于他的二哥章篯，直到科举制度将要废除时，依然醉心于此。这表明章氏家族直到此时依然对清政府充满信心和希望，章太炎不可能脱离家庭影响成为一个政治叛逆者。

事实上，从章太炎思想发展脉络看，他至少到了 1900 年的上半年依然对清政府统治充满着幻想，并不认为当时的中国存在着一个可以取代满洲贵族集团的政治力量，他似乎更没有想到什么汉族人的国家重建，所以他在那时依然信奉的是"革政"，希望对清政府的内部改革开拓中国政治发展的空间，尽管在那之前他被清廷列为政治异见者，受到打压乃至通缉。直至 1900 年 7 月上旬，章太炎致信两广总督李鸿章，建议他趁着义和团战争所导致的政治危机，重建汉族人的国家。至此，章太炎的民族主义其实只是种族主义思想方才确立，告别"革政"，走向"革命"。这也是他修订《訄书》、放弃"客帝"政治主张的背景。

三、走进诂经精舍

章太炎的父亲章濬生在动乱年代，没有在科举道路上获取功名，也没有在世俗官场有所斩获，一生坎坷，郁郁寡欢，人至中年便有点心灰意懒，除了将希望寄托在三个儿子身上，别无他求，有心向佛。

大约为了儿子们有个好前程，所以当著名学者俞樾于1868年主讲杭州诂经精舍不久，章濬就被邀请参与诂经精舍日常事务的管理，长时期担任诂经精舍监院，成为仅次于山长的二把手。

诂经精舍是19世纪中国最著名的教育文化机构，其创办人为阮元。阮元是乾嘉汉学的重要学者，也是有作为的封疆大吏。1795年，阮元调任浙江学政。两年后，他在杭州孤山南麓建造房舍五十间，选派两浙通经学者集中在那里分纂《经籍诂》。1800年，阮元升任浙江巡抚，第二年，热衷于文化事业的阮元就将编纂《经籍诂》的房舍改造成书院，定名为"诂经精舍"，选聘王昶、孙星衍等著名学者主讲，生员均是经过挑选的青年学子。1809年，阮元因故调离浙江，由他一手打造的诂经精舍从此走向衰败之路，甚至几度停办。1866年（同治五年），浙江布政使蒋益澧捐资重建诂经精舍，稍后延聘俞樾掌教。诂经精舍由此走向中兴之路。

俞樾字荫甫，号曲园，生于1821年，浙江德清人。1850年中进士，历任翰林院庶吉士、国史馆协修、河南学政等。后因遭人弹劾，免职归里，从此无心仕途，潜心学术，拼命著书，在经学研究领域享有很高地位。

章太炎的父亲章濬究竟和俞樾有着什么样的关系，我们现在还不太清楚，他究竟是通过什么样的渠道出任诂经精舍监院，我们也不太知道。我们所能知道的是，他为诂经精舍贡献了心智，也对诂经精舍产生了无法释怀的情感。所以他当 1890 年初去世前，反复交代已经 22 岁且有相当学术功底的章太炎到诂经精舍拜俞樾为师。

诂经精舍不是一般的启蒙学堂，而是一个相当高深的研究院，但凡到那儿拜师学艺，必须已经有了相当学术基础。章太炎过去的 23 年间，由于家庭背景的影响，由于他的父亲严加督促，由于他的外祖父朱有虔的督导，还有他的两个哥哥愈挫愈奋的精神影响，以及他的母亲朱夫人也不是一般的家庭主妇，所以章太炎在进入诂经精舍时，已经有相当的学术基础。

根据章太炎自定年谱排序，他 5 岁时也就是 1873 年开始启蒙，8 岁时由外祖父负责督导，15 岁时外祖父返回海盐故里，他的父亲章浚接手亲自督教，传授了中国学者必修的目录学，并指导他写律诗及科举文字，显然希望这个小儿子能够和大儿子、二儿子一样，用心于科举，获取功名，光宗耀祖。经过几年潜心研读，1883 年，章太炎 15 岁，遂奉父命赴县应童子试。遗憾的是，章太炎在准备阶段过度用功，或者是其他方面的原因，总而言之，他竟然在关键时刻掉链子，以患眩厥而放弃科举考试。

眩厥就是癫痫，农村人叫做羊角风。这是当时一个非常棘手的疾病，基本上发生在儿童时代，发病时的前兆并不明显，然而发病时，病人往往突然倒地，昏厥过去，不省人事，浑身僵直，或者抽搐，有的持续好长时间，有的则是短暂瞬间。这种病的另一个特点是主要发生在儿童身上，这些患病儿童只要能侥幸熬到了 12 岁，这个病一般就能够不治而愈。

章太炎已经 16 岁了，竟然患上眩厥，哪还能指望他什么呢。章浚在这种情况下的唯一选择，就是活着就好。所以，章浚下令章太炎停止科举考试的复习和准备，允许他自由阅读，随意浏览。也正因为这个特殊的机缘，使章太炎在小小年纪，有机会涉猎史传，浏览《老子》《庄子》，泛览典文，左右采获。

幼年的章太炎原本就是体弱多病，现在又患眩厥症，让他放弃科举考试，也是没有办法的办法。这其间的因果关系非常明白，绝不是章太炎后来解读的那样，有意识地放弃，主动放弃，更不是因为他意识到异族统治，不愿为伍，只是情形使然，不得不如此，并非有意为之。

因病放弃科举考试的章太炎并没有因此放弃读书，而他自小养成的读书习惯依然得以保持，况且他的家里藏有相当多的图书，于是他此后数年浏览周秦、两汉之书，前四史、《昭明文选》、《说文解字》，以及秦汉诸子，并逐渐认同荀子、司马迁和刘向的学术理念和价值倾向，以他们三人的理念回观古今中外之典籍，建立了会通中外的学术根基。三子以后，又信奉汉代的盖宽饶、三国的诸葛亮、西晋的羊叔子和明朝末年的黄宗羲。章太炎以为这四人的事业虽然不同，名声亦异，然其大要在于知君民之分际，与亲仁善邻之所以长久，而不肯以残夷割剥陵轹元元者，也就是他们四人所具有的民本主义，以及反对君主专制的思想深深打动了章太炎。

到了18岁，章太炎在伯兄章箴指导下开始阅读唐人《九经义疏》，接着阅读顾炎武《音学五书》、王引之《经义述闻》，以及郝懿行的《尔雅义疏》，由此获知经学门径，一意治经，文必法古。章太炎后来之所以强调语言文字音韵训诂的重要性，就是他在这个时间里的阅读思考，使他深刻意识到不明训诂，不能治《史记》《汉书》，于是他在《说文解字》《尔雅》等方面下了非常大的功夫。借助于语言文字的研读和知识积累，章太炎将精力转向《十三经注疏》，用了差不多两年时间将阮元主持编辑的《学海堂经解》、王先谦主持编辑的《南菁书院经解》浏览一遍，对于儒家经典特别是清代学人的贡献了然于胸。这两部大型图书就是后来的《皇清经解》和《皇清经解续编》。

或许是因为章太炎将学术兴趣转向清代学者的学术成就，在阅读泛览中注意到了明末清初的异端思想，以及在乾嘉学者内心深处对现实政治的不满情绪，章太炎在后来的回忆中说由此发生排清的思想可能稍嫌夸张，但他确实在这个时间里阅读了这些思想资料。

章太炎的眩厥在这些年时好时坏，章氏家族数代行医，也不知道这个病究竟会发生什么样的后果，只是章太炎个人在没有科举考试金榜题名的压力后，反而对随意浏览兴趣盎然，从早到晚，手不释卷，伏而读，仰而思，渐渐产生了独具个性的学术想法，渐渐有了著述之志。这大约就是他的父亲章浚在临终嘱他前往"诂经精舍"拜俞樾为师的根本原因。在章浚看来，既然章太炎没有办法在科举道路上有所斩获，既然他的兴趣在读书在著述，这也算是歪打正着，那么他就应该投奔俞樾这样的大师，走上学术正途，以免误入野狐禅的邪路。

第二章

维新时代弄潮人

加盟《时务报》

看不惯“康圣人”

东南报人

渴望进入体制

1895 年，章太炎 27 岁了。诂经精舍 8 年闭关使他学到了一身本领，这身本领究竟如何，必须到实践中去检验。况且，在这 8 年中，章太炎的生活也发生了很大变化，他的父母在这期间先后去世。他虽然小时候得过眩厥，甚至偶尔还会复发，但是章家还是在他 25 岁那年为他找了一个小媳妇王氏，这就是章太炎在自定年谱中说的"纳妾"。纳妾的第二年，长女出生。从此，章太炎也算是拖家带口的人了，也该出去找个工作了。

一、加盟《时务报》

在闭关诂经精舍的 8 年间，中国的形势发生了天翻地覆的变化。当章太炎刚进诂经精舍的时候，那是清政府最风光最荣耀的"同光中兴"时代，清朝的政治经济经过几十年洋务新政的发展，确实有了很大起色，中国在政治上尤其是军事上、经济上确实在一定程度上恢复了往日的荣耀和自信。

然而，也就是在这几年间，一场意想不到的战争再一次将清政府打回原形。原来所谓的洋务新政并没有解决中国体制性障碍，几十年的经济发展、军事发展不过是一场梦，弹指间灰飞烟灭。于是中国人在甲午战争还没有完全结束时就开始了新的思索，想着怎样才能改变先前的困境，重新起步，于是有了维新思潮，有了维新运动，有了康有为、梁启超等人策动的强学会。

1896 年 8 月 9 日（光绪二十二年七月初一日），《时务报》第一册在上海问世。根据《时务报》第三册公布的工作人员名单，《时务报》总理汪康年，撰述梁启超，另有英、法、日文翻译若干及具体办事人员等，黄遵宪、邹代钧、吴德等人可能因为其官方背景，并没有归入报馆工作人员中。

这份后来影响巨大的《时务报》为旬刊，每月初一、十一、二十一日出版。第一册的主要栏目有"论说""谕旨""奏折录要"以及京外近事、域外报译等，这些栏目后来也有局部调整，但大体上保持了第一册的栏目和风格。

《时务报》最值得看的，是当时风靡一时、成就梁启超大名的"论说"栏。梁启超从第一册开始直到他离开《时务报》止，论说栏几乎每一期都有他那议论新颖、文字通俗、笔头常带感情的文章。

章太炎与汪康年有着姻亲关系，所以当《时务报》创刊出版后，章太炎应该很容易看到这份内容别致的新刊物，很容易引起不错的感觉。1896年12月29日，章太炎致信汪康年，对《时务报》的创刊表示祝贺，以为这本杂志词旨瑰丽，清新活泼，又不失严谨。当此社会风气日趋恶化、社会价值观念日趋混乱的时候，中国能够有这样一本充满正气正义的刊物，无疑是一件幸事。章太炎表示，看了《时务报》，激活了他心中久有的著述欲望，他当然是在婉转地表示希望加盟，或者至少能够成为《时务报》

梁启超主编的《时务报》以宣传维新变法、救亡图存为宗旨。

的作者。他的这个说法虽然比较婉转，但意思还是很清楚的，所以他紧接着对《时务报》的未来编辑方针提出了自己的看法。他大致能够认同《时务报》不欲臧否人物的大原则，但以为刊物的内容还可以大幅度扩充，要驰骋百家，旁及西方国家的历史文化，要引古鉴今，推见至隐，向读者传递真实的历史知识，而不是泛泛介绍海外奇闻，或发一通空论。章太炎主张，要认真研究本国历史文化，要参照西方近代国家发展历程，更要做到谈论现实政治不故意危言耸听，故作高论，故作偏见；谈论历史则不能借古喻今，指桑骂槐，触犯时忌。在章太炎的理念中，《时务报》应该成为变法维新的宣传工具，应该传播新思想、新文化，应该以其丰富的内涵、优美的文字影响读者、引导读者。

汪康年收到章太炎的这封信后当然非常高兴，他和梁启超本来在《时务报》创刊时就希望章太炎加盟，现在收到了章太炎这样一份热情洋溢的信，于是促动他们立即派遣专人前往杭州劝驾，希望他到报馆担任专职撰述，一同创业。

对于汪康年等人的邀请，章太炎怦然心动。然而当他将这件事欣喜地告诉俞樾老先生时，老先生很不以为然，只是章太炎去意已决，遂于1897年1月前往上海，到《时务报》担任专职撰述去了。

二、看不惯"康圣人"

章太炎是1897年初抵达上海参加《时务报》撰述的，不过在他致信汪康年时，就随信附寄了一篇文章《论亚洲宜为唇齿》，这是目前所见章太炎最早的论政文字，发表在《时务报》当年2月出版的第十八册。

《论亚洲宜为唇齿》在写作方法上可以概见章太炎后来数十年的一贯风格，那就是标新立异，决不说别人常说的话，没有新话就不说。这篇文章的主旨是批判甲午战后国内思想界、政治界一个最主流的看法，即联俄制日。

甲午战争日本逼迫清政府割让了辽东半岛等，后在俄、德、法三国干涉下，清政府又多出一笔巨额费用赎回了自己的辽东，此外，还有一笔中国人无法承受之重的战争赔款，还要允许日本臣民自由到中国内地办工厂，享受进出口的优惠。

日本人转身向西，学习西方，立志要在远东建立一个西方意义上的近代国家，中国要想在未来十年与日本争高下，决雌雄，也真的不是那么容易。所以，以李鸿章为代表的一大批中国人在战后主张与俄国人结盟，利用俄国人力量去制衡日本，维护远东均势，于是有了1896年的中俄密约。

联俄制日是一种外交策略，是传统中国以夷治夷外交路线的现代运用。对于这个差不多举国认同的外交路线，章太炎持有异议。他认为，这个方针无疑是错误的，他根据自己的历史知识以为中国的真正威胁并不是日本，而是俄国。中国的正确选择应该是向日本学习，尽管这是一个那样不给中国面子的敌国。中国不仅要学习日本变法图强，而且要准备着与日本在政治上、军事上结盟。未来世界的大冲突，在一定的时间里大约就是发达的欧洲向亚洲寻找市场、资源和殖民地，所以亚洲各国宜为唇齿，唇亡齿寒，要结成亚洲人的大联盟，一致对外，联手制衡俄国等欧洲国家对亚洲的蚕食。

章太炎在这篇文章中明确指出，朝廷现在无深长之虑，只想到在甲午战争中的一箭之仇，而密约俄罗斯以为奥援，让俄国人在胶州驻军，在吉林筑路，其结果必将是齐鲁与东三省为异域，俄国人迟早必将把这些土地改变颜色，变成俄国人领土或殖民地。因此，章太炎提醒朝廷，在政治上、外交上没有永远的敌人，只有永远的利益。日本虽然在战争中、在议和谈判中欺负中国，但是中国如果虔诚地向日本学习，也一定能够获得日本人的好感，重建中日友好，开启亚洲历史的新纪元。我们在后面还会看到，章太炎"亚洲宜为唇齿"说是后来流行一时的大亚洲主义的滥觞，在中国思想界拥有相当市场。

就政治理念而言，在诂经精舍一心只读圣贤书的章太炎似乎并不清楚窗外事，他对大亚洲主义的呼唤，其实是在替朝廷出主意想办法，并不像他后来所标榜的那样，很早就有了排清的情绪。甚至可以这样说，章太炎走出诂经精舍的第一步，与孙中山卖掉药房和诊所，投奔李鸿章有异曲同工之妙，都是爱国家更爱朝廷的生动体现，只是他们后来都成为大革命家，用后来的心情回顾历史，不愿忘记这些情结而已。

走出诂经精舍的章太炎爱国家更爱朝廷，所以他到了时务报馆，当他从梁启超那里得知有一个叫孙文的广东人两年前就蓄志倾覆清政府时，章太炎并没有立即认同孙文的主张，投身革命。他虽然在后来多次强调自己的排清思想至此明晰，这其实是用后来的思想解释当时的情形。证据很简单，就是章太炎此后很长时间发表的言论，在很大程度上都是为朝廷出主意想办法，并非立意推翻清政府。而且，章太炎只能拥有这样的政治理念，才会与《时务报》负责人汪康年、黄遵宪、梁启超的思想一致，《时务报》也才能接受这个撰述人。

基于这样的思想基础，章太炎在稍后发表的《论学会有大益于黄人亟宜保护》一文中，对国内政治发展提出许多自己的看法。简单地说，就是建议清政府利用战后有利时机，激活读书人对国家、对政治的热情，重建传统中国讲学风气，组织起来，弘扬传统儒家六艺之学四术之教，缩短中国与世界的差距。政府无论如何不要像传统政治那样反对读书人结社讲学，治以党锢，株连钩考，这样做的结果并不能阻止读书人追求进步，反而将他们推向了反对阵营。政府的正确选择应该是因势利导，提供方便，宜有以纠之、合之、礼之、养之、宣之、布之，使比于宾萌，上说下教，以昌吾学，以强吾类；读书人的正确选择应该是不畏强暴，顶住压力，合耦同志，以建学会，朝夕讲贯，虽摩顶放踵说不敢辞。果真如此，上下一心，举国一致，中国的面貌必将大为改观，中国必将进入一个新时代。这篇文章的主旨，最简单地说也就是章太炎的一句话，"以革政挽革命"，用清廷的主动变革去阻止孙文或其他什么人的革命活动。这大约也就是章太炎后来自嘲的"与尊清者游"。

1897 年早春，应该说章太炎与尊清者梁启超、汪康年等人有着良好的互动，有着相同或比较接近的政治理念，但正如我们已经知道的那样，章太炎是一个有着良好学术训练的人，他的知识、他的习惯使他不能轻易认同别人的看法，尤其是在他擅长的中国学术领域。在政治领域，章太炎此时还提不出更多的新见解，但在学术上，他毕竟有先前十几年的积淀，所以当康门弟子竭力鼓吹康有为为南海圣人、为教主、为教皇、为中国新希望的时候，章太炎内心深处的无名火实在按捺不住了。

而且，从康有为方面说，康有为确实在那时刻意营造圣人的形象，以为更名为"长素"，就能像孔子那样为素王；以为赐名弟子为"超回"，为"轶赐"，那些弟子就真的能像颜回、子贡拱卫孔子那样拱卫康有为。对孔子、儒学史谙熟于心的章太炎对于康门这些做派大约真的忍无可忍了，再加上他那时热恋杯中物，几杯老酒下肚，更不知深浅，肆意批评康有为为教匪，什么十年必有符命、必成大业云云，不过是痴人说梦，胡说八道。

真圣人是不怕别人辩论和批评的，假圣人当然就不一样了。章太炎虽然曾与康有为、梁启超等人同路，认同变法、认同维新，但章太炎公开的非议、背后的攻击，似乎也很快激怒了康门弟子。利益使然，他们对章太炎的狂妄非常愤怒，以为如果镇不住章太炎，必然会损及康门利益，于是一场冲突不可避免。

1897 年 4 月 14 日，康门弟子纠集在一起来到《时务报》馆找章太炎寻衅闹事，在一片混乱的争吵中发生严重的肢体冲突，康门弟子梁作霖等先动手殴打章太炎和他的追随者麦仲华，而脾气本来就横的章太炎当然不会示弱，擒贼先擒王，顺势给了梁启超一个大巴掌。

有伤斯文的肢体冲突发生后，章太炎的酒也醒了，想想也是，康有为和他的门人尽管吹得有点过了，但那毕竟只是人家自己的事，你这样不分深浅地在人前人后胡说八道，不也是故意找难堪吗？事后的章太炎对打架骂人稟受道歉，似乎也不认为自己有什么不对，但是很显然，在梁启超主笔的《时务报》里肯定没有办法待下去了，无论他的亲戚汪康年怎样劝说，章太炎就是一根筋，一句话：兄弟不愿在这里伺候了。4月28日，章太炎离开了《时务报》，离开了上海，回到自己的地盘杭州去了。加盟《时务报》的时间，前后不过三个月，文章也就发表了两篇，不过经验却是增加不少，人脉关系也有不同寻常的收获。

三、东南报人

章太炎满怀希望前往上海，结果是黯然回到了杭州。不过，他这趟上海之行还是有收获的，他结识了一些真朋友，所以他在回到杭州不久，在接受谭献、孙诒让的劝说放弃继续写作《新学伪经考驳议》后，就和几位浙江籍的朋友发起成立了"兴浙会"。

兴浙会有时又被称作兴浙学会，成立时间大约为1897年6月，参与创办的有董祖寿、连文澂、章太炎、宋恕、陈虬等。章太炎在《兴浙会序》中指出，浙江为中国东南地区最具优良传统的省份，在浙江历史上曾出现过五位值得浙人自豪的英雄，即参与推翻元朝统治"论功最高"的刘基，抗击蒙古贵族袭扰而令"'北房'震慄"的于谦，"学与政兼之"的大学者王阳明，"比迹箕子，以阐大同""圣智摩虑"之黄宗羲和坚贞不屈、"功败身歼"而"后世尤悲其志"的抗清名将张煌言。这五位英雄为浙人树立了好榜样，他们之所以成立兴浙会，也就是要继承浙人的优良传统，振兴浙江，进而振兴中国、振兴亚洲。

从兴浙会宣言看，这一团体显然具有政治目的，而这一政治目的并不仅仅是为了改革政治，好像潜伏着一种对体制对清政府的不满。这种看法是否就是反清诉求，似乎还可商量，但这个学会绝不是一个单纯的学术团体似乎是真的，因为从它所表彰的五位英雄事迹看，至少兴浙会的参与者已渐渐对清政府失去了信赖和信心。

根据兴浙会章程约定，该会以研讨刘、于、王、黄、张五公的学问为职志，但也不排斥与会者博览群书，更不鼓励与会者墨守成规，独守五公之学，而是鼓励学者各从性情所近，研讨中国历史文化尤其是历代典章制度，大抵以《周礼》、两戴《礼记》为最要，由训诂通大义，足以致用。史以三史、《隋书》《新唐书》为最要。子以管、墨为最要，另外再加上荀子。至于经世之学，兴浙会章程主张"法后王"，以为虽当代掌故，稍远者亦刍狗。格致诸艺，专门名家；声光电化，为用无限。而学者或苦于研精覃思，用心过躁，卒无所成。大抵精敏者宜学格致，驱迈者宜学政法。官制、兵学、公法、商务，三年有成，无待烨掌。且急则治标，斯为当务。若自揣资性与艺学相远，当呕以政法学为趋向。将向西方学习视为当时中国最急迫的任务。

在研讨内容上，兴浙会格外强调舆地学的重要性，认为应该借鉴西方近代以来的地理学方法重新绘制中国地图，尤其是对浙江的地理环境更应该有新的认识，方舆之学，中外共之。近如《地理全志》等书，胪列颇详，而阨塞险要所在，卒不可知。坤舆方图之属，徒著其形，未明其说，则阅者亦摘埴索涂尔。至中国舆图，殊鲜善本，强调兴浙会应该致力于浙江地理方舆之学的研究。

兴浙会之外，章太炎还和朋友一起创办了一份《实学报》旬刊，担任该刊总撰述。在章太炎撰写的《实学报叙》中，严厉批评那些不忍攻苦又不敢自认浅陋的所谓"高才之士"，以为他们往往道听途说，撷拾一二皮毛，就牵强附会，到处炫耀，其实只是皮毛，只是浮光掠影，中国最需要的不是这种浮夸而是踏实的知识。这是章太炎在《实学报》时期的基本信念。

《实学报》之外，章太炎还参与创办译书公会和《译书公会报》，这也是章太炎在那时迅速成名的一个途径。

译书公会的创办宗旨是为了翻译介绍近代东西方新知识，使中国人得窥近代东西方各国走向富强的缘由和途径，所以这份杂志不仅关注东西各国政治、学校、法律等事务，而且更重视天文、舆地、矿务、农学、军事等科学技术知识的介绍。章太炎《译书公会序》中期望译书公会和《译书公会报》能使中国人接受新知识的进度大幅提升，积少成多，聚沙成塔，为中国富强与进步贡献心智。

四、渴望进入体制

章太炎走出诂经精舍就一直在上海、杭州报界活动，他虽然没有像康有为、梁启超那样进入政治中心，但他也算是维新时代的弄潮儿之一。他当时的政治诉求，其实与所有力主维新的人一样，就是希望朝廷能够借甲午战争失败后的政治悲情，振作起来，变法维新。他之所以接受谭献、孙诒让等前辈的劝说，不再从学术上搞垮康有为，也是因为他接受了维新为重，学术为轻，只要朝廷能够在政治上有所作为，康有为、梁启超正在那里发挥作用，那么学术上的纷争就算不上什么。

在政治理念上，章太炎在维新时代与康有为、梁启超确实没有什么本质区别，也就是富国强兵、变法维新那一套。而且，我们还可注意的一个事实是，章太炎走出诂经精舍后，其实一直处在迷离茫然中，他虽然被《时务报》《经世报》《实学报》《译书公会报》相继聘请为主笔、撰稿人，其实请得越多，越说明他没有着落，没有自己的根基。于是章太炎和传统士大夫一样，虽然没有功名，没有硬碰硬的学历和学位，但他有着真学问真本事，于是他于1898年2月给李鸿章写了一份热情洋溢的信，一方面替李鸿章支招，另一方面希望李鸿章慧眼识英雄，能够给他在体制内找个事情做做，给他提供一个稳定的体面的职业。这大约才是章太炎上书李鸿章的真正目的。

我们这样猜测章太炎，并没有丝毫贬低他人格的意思。章太炎这时也到了而立之年，拖家带口，他确实需要一份稳定且体面的职业，这是任何一个读书人都无法抗拒的实际需要。所以，章太炎这份上书，表面上是要替李鸿章支招，实际上就是一份自荐信，开篇就用非常谦恭的言辞，非常低调地介绍自己，说我章炳麟，只不过浙江的一个乡下人，未尝有机会接受良好教育，不过自幼年时代，也曾发奋读书，对于传统经典通晓其义。但对于科举正途，则因为各种原因没有参加。年17岁，浏览周秦两汉典籍，于深山乔木间，冥志覃思，然后学有途径，一以荀子、司马迁、刘歆为权度和标准，以为他们三人的学术为中国政治思想的源泉。此外，章太炎表示他还格外推崇盖宽饶、诸葛亮、羊叔子及黄宗羲等四人，以为他们四个人事业虽然不同，名声亦异，然其主要在于知君民之分际，与亲仁善邻之所以长久，而不肯以残夷割剥陵轹元元者，皆因为他们有着自己的政治理想和追求。章太炎这样说的意思，是要向李鸿章表明我章炳麟并不是单纯的文弱书生，我对治国理念还是有相当研究的，他当然由此希望李鸿章能够有所重视，给予安置。

空话不足以说服李鸿章，章太炎于是谈及具体事务。他说，李中堂固然有周公、召公之才，斡运大夏，夷艰济变，我章炳麟对于现在的国际大势和我清国所处地位及所应采纳的方略也有自己的考虑，他希望李鸿章能对这些看法予以重视。

章太炎的重要看法就是他一年前所说的"亚洲宜为唇齿"，中国不必继续敌视日本，而应该化敌为友，中日结盟。他说，自古强国处理外交，一般采取远交近攻的谋略，但弱国相反，一般都是注意睦邻友好。现在的日本，并非真的视中国为仇敌，有着多少深仇大恨，要说与中国有着深仇大恨的，莫过于英、法两国，想当年给我清国那么多那么大的难堪，现在不是也成了我清国的友邦了吗？外交上没有永远的敌人，何况近邻日本呢？

根据章太炎大亚洲的理想，中日两国同处于亚洲，为同种，中日两国面对的同一问题是欧洲的东来，是欧洲人对亚洲的觊觎与蚕食。就地理环境而言，日本也处于非常重要的区位，北接俄罗斯，东交美利坚，日本的存在与发展，也必然要与他国结盟，日本内部虽然有一些人对中国有看法，有敌视，但同样也存在着庞大的亲中力量，希望以同文同种同洲的区位优势，中日联盟，共抗欧洲。

中日结盟是两国面对西方压力的一种回应，但怎样才能使日本接受这种结盟安排呢？章太炎在这份上书中提出一个匪夷所思的大胆想法：欲与日本联盟合纵，则莫若与之地而用其才，使日本借手而乐于亲我清国，这样日本必然乐于与我结盟。

将台湾割让给日本已经引起国内极度混乱和民众不满，这一点即便是两耳不闻窗外事的章太炎也不能不知道，但他认为，中国要想与日本搞好关系，要与日本结盟，就必须作出一点必要的牺牲。他在这里没有提台湾问题，但他提了一个马关议和的遗留问题——威海的处置。

威海是北洋海军的重要根据地，也指挥了北洋舰队在甲午海战中对日最后一战。经过一段时间的攻防，北洋海军终于不敌日军，威海沦陷。马关议和时曾谈到日军从威海撤退的问题，但日本政府以催促清政府按期赔偿为理由，继续武装占领威海。至德国人武力攫取胶州湾、俄国人趁机占领旅顺和大连，威海还在日本人的手里。

日本占据威海当然是非法的，日本将威海如期归还给中国，也是合理合法的。但是章太炎此时不这样认为。他以为当胶州湾、大连湾和旅顺等被德国、俄国强占后，威海其实不过是一块腐肉、一根朽骨，真的归还给中国也没有什么用。进而，与其使俄国人、德国人得之，不如让日本人得之；与其使日本人费了好大劲得之，不如清廷主动迎而与之。章太炎的理由是，一块腐肉、一根朽骨而足以让日本感到中国的好处，我们为什么不这样做呢？在过去好多年，将澳门割给葡萄牙，将巨文岛割让给英国，这都是承平时代发生的常事，没有什么了不起。当时中国的经济实力还在，军事实力不弱，割之无害，不割无所损，而犹毅然奉图籍送给人家，何况现在已经被日本人占据的地方呢？且以俄国、德国掎角之地，得日本介立其间，这其势足以稍相钳制，任何一方只要做得过分，都会被另外两方所制衡。所以说，将威海顺势交给日本人，在章太炎看来是一举而两善的事情，有利无弊。

至于章太炎在这份上书中所说用日本人才的真实含义，章太炎说得非常直白，就是使用日本人替代欧美人。他的理由是，日本人能有今天，其实也是取材于欧美，既而技艺已成，则罢遣西人，而专任国人。今我清国于税务专用英国人，于制造局船厂、水师武备诸学堂杂用英、德、法人，至于一些特别重大的工程还有另外的安排。章太炎认为，使用欧美人才，成本高，而人才的品质在西国不过中等，如果能够使用日本人，而授之官秩，可能比用西方人更合算、更可靠。日本人过去到中国来工作，其身价往往只是西人的三分之一，所以聘用一个西人，就足以聘请三个日本人。中日两国为近邻，其才之优劣，也很容易辨别，所以使用日本人较使用欧美人更合算、更有效，也更有助于中日结盟。

章太炎或许是希望以这样的建议打动李鸿章，使李鸿章能够重视他和关怀他，给他个机会或职业，所以章太炎随信还寄了一篇文章《迁都驳议》，大约如题就是反对迁都而已。这篇文章现在见不到了，无法评论，但可想而知的是，章太炎用这样的观点去游说李鸿章，可谓南辕北辙对牛弹琴。李鸿章是何等人物，李鸿章在甲午战争后对日本恨得咬牙切齿，正因为他不愿与日本人和好，才由他主导与俄国人结盟。章太炎的建议与李鸿章的主张刚好相反，李鸿章后来或许会对没有理睬章太炎这样的志士仁人感到后悔，但章太炎此时拿出的政治方案实在不能使李鸿章信服。

　　上李鸿章书没有得到任何有用的结果，但章太炎并不因此而气馁，而是再接再厉，他在当年3月28日也就是上李鸿章书不到两个月后，跑到武昌求见张之洞。

　　说章太炎求见张之洞可能有损章氏清誉。按照章太炎后来在自定年谱中的说法，是因为张之洞对康有为的今文经学家言非常恼火，委托专人请章太炎前来武昌撰写批康文章的，并被安排住在铁政局官方招待所，好酒好菜热情招待。

　　张之洞最初也曾欣赏康有为，支持他办强学会，但康有为不遵守双方的约定，而是大谈孔子改制、新学伪经，这就使张之洞非常恼火，下令停办强学会。到了1898年，康有为不知通过什么关系又获得了朝廷赏识，成为朝廷中炙手可热的人物。然而，京城也有消息传来，说康有为在那里不守规矩，严重破坏了官场潜规则，也遭到了一些官僚的反对和排斥。张之洞是否因此加大反对康有为的力度不得而知，但他确实在这个时候准备写作一本专著批评康有为的异端邪说，准备创办一家新刊物从正面张扬变法理论，这个刊物定名为《正学报》。请章太炎前来，除了撰文批评康有为，大约也希望章太炎出面主持这份新办的刊物。

　　办报纸杂志对于章太炎来说是家常便饭，于是他欣然接受张之洞的邀请，很快起草了《正学报缘起》和《正学报例言》。

根据《正学报缘起》，我们知道章太炎此时对中国问题的看法与清政府的看法大致相同。认为在甲午战争后中国逐渐走上了维新道路，然而德国人突然发难，攫取胶州湾，并进而引发俄国人对旅顺、金州的觊觎与占领，英国人在长江流域，法国人在广州湾，相继提出类似要求。中国一时间又陷入新的混乱，各种各样的主张莫衷一是，那么中国究竟应该采取什么样的方略，这就是《正学报》要回答的问题。

在谈到《正学报》为什么要在武昌创办时，章太炎强调，武昌为天下之中枢，其地为中国之中心，四通八达，声闻四达，所以在这里讨论中国前途，希望就其疆域求所以正心术、止流说，使人人知古今演变之大势之道理，得以浸润历代圣贤之教诲，消解愚昧，抛弃无知。这就是章太炎期待的《正学报》的职责，也就是上说下教，上说帝王、统治者，下教百姓，启发民智。至于在政治路线上，章太炎其实是想走不偏不倚的中庸路线。《正学报》的基本宗旨，一是使孤陋寡闻者不会因囿于见闻而顽固地阻挠新政；二是使那些颖异之士也不至于因其思想激进主张而走上邪路。从这里，我们似乎能够感受到章太炎与张之洞的思想有着相当的契合。

章太炎与张之洞在政治上和学术上有相当多的契合点应该是事实，他们有着共同的敌人是今文经学大师康有为，有着共同的理想是国家改革社会进步，有着共同的不偏不倚的中庸路线，然而他们不仅没有继续合作，反而反目成仇，不共戴天。这究竟是为什么？

对于这层原因，我们过去都是听章太炎事后一家言，以为是他对张之洞《劝学篇》的批评使双方交恶。章太炎说，他在很早的时候就持《左氏春秋》及《周官》义，与言今文经学的人不相合。清湖广总督南皮张之洞亦不喜《公羊春秋》家。这是他们在学术上的契合点。有人将章太炎的情况及学术倾向告诉了张之洞，张之洞遂嘱章太炎撰文批驳《公羊春秋》家。

这就是章太炎前往武昌的原因。到了武昌，张之洞方草《劝学篇》。大约出于礼貌和尊重，张之洞曾将此书送给章太炎批评，章太炎见上篇所说多效忠清室语，因答曰下篇更为翔实，以此回避了对上篇的评论。张之洞有幕僚梁鼎芬，自居学术领袖，但在章太炎看来是狗屁不通。章太炎的根据是听说梁鼎芬与人争文王受命称王义，至相棰击，章太炎对梁鼎芬的说法不认同，以为梁鼎芬根本不懂经古文经学的区别，不识古今异法。梁鼎芬当然也不是章太炎所说的那样不堪，然而他们两人由此结下梁子，大约也是事实。又一日，友朋相聚，梁鼎芬在谈话中又涉及《左氏春秋》与《公羊春秋》异同，这是章太炎过去多年研究的领域，他对梁鼎芬的说法当然不愿认同，大约很傲慢地说了这样一通话，表示内中国，外"夷狄"，《春秋》三家都是一样的。至于弑君称君为君无道，三家的看法亦没有什么根本区别。这当然使梁鼎芬有点儿下不了台。又一日，章太炎与梁鼎芬等人言及光复，终于惹恼了梁鼎芬。两人大约由此正面冲突。未几日，章太炎主动辞去了在武昌的职务，乘舟东下。这是章太炎多年之后的一个解释。

　　根据章太炎后来在《艾如张董逃歌序》中回忆，他对张之洞《劝学篇》的意见似乎也不是那么简单那么直白，他当面或许没有对《劝学篇》提出多少批评意见，或许确实有意识回避了点评内篇的尴尬，但章太炎是一个藏不住话的人，他所认识到的问题，一定会找机会说出来。于是他在从张之洞处退出后告诉那些幕僚，历史发展的规律就是这样，生于哪个洲的人就一定倾向于哪个洲，生于哪个国家的人也一定倾向于哪个国家，人之性然也。唯我赤县神州，五千年来沐浴历朝历代往圣先贤的膏泽，久已形成自己的国民性格，至少有这样三点是必须坚守的：上思利民，忠也；朋友善道，忠也；憔悴事君，忠也。现在南皮张大人《劝学篇》舍弃上思利民和朋友善道两个忠字，只要一个忠君，这显然是有问题的。况且，"满洲人说到底只不过是乌桓遗裔"……不能强制要求人们再去愚昧地忠君。或许是几杯老酒下肚，章太炎真的敢这样胡说八道，听者闻言不是一般的大怒震惊，因为这可是犯上作乱、是掉脑袋的事。大约正是这种背后的瞎说，使张之洞的幕僚们觉得章太炎与他们可能并不是一路人，如果让章太炎继续留在这里，迟早都会给他们的主子，甚至给他们自己惹来不必要的麻烦。

很显然，章太炎的解释夸大了他的反清意识，是他用后来的认识去重构先前的思想。说章太炎此时不可能产生如此鲜明的"反清"意识，有三个理由：一是他在《正学报缘起》和《正学报例言》中依然表现出一种改良主义的渐进思想，并没有对清廷表示多少不满。二是他千里迢迢前往武昌投奔张之洞，不管这个事是谁主动，但这个事情本身说明章太炎不可能具有明确的反清思想，因为张之洞无论思想如何开明，他可是朝廷命官，一方大员。三是章太炎返回上海后也没有立即投身革命和反清，而是应汪康年的邀请，加入了新创办的《昌言报》任主笔。而《昌言报》的背后老板就是张之洞，甚至刊物命名也出自张之洞。这个《昌言报》本身更是一个拥护朝廷、支持改革的主流刊物，根本不存在什么异端倾向。

章太炎与张之洞闹掰肯定不是章太炎所说的那些内容，因为他那时还是一心想往体制内走，所以也就不可能公开表示反政府反体制。不过，章太炎是一个随性的人，也是一个没有城府的人，说话随便，不分场合，而且学问好，几乎没有谁的学问能被他看上。他确实看到了张之洞《劝学篇》中的问题，也确实不满梁鼎芬对古文经学的解释，他可能也议论过朝廷大事，而这些都是官场忌讳，他的这种随便随性如何能使严谨的张之洞放心呢？张之洞的幕僚们即便不计较章太炎对梁鼎芬学问的批评，为主子政治前途和自身前途考虑，也不会让章太炎留在武昌，更不要说留在张之洞身边了。这才是章太炎兴致勃勃前往武昌，而后扫兴返回上海的真实原因。

在不到半年的时间里，章太炎投给李鸿章的信没有下文。风尘仆仆、满怀信心地前往武昌投奔张之洞，结果也弄成这个样子。东下归途，章太炎不能不想，这么希望进入体制内，是什么原因使我一再失败而不能得偿所愿呢？他当然不会检讨自己的性格，更不知道性格即命运。你既然已经过了嘴瘾，享有高度的言论自由了，那你就在体制外待着吧！章太炎当然不明白这些曲里拐弯的前因后果，于是他走向极端，不仅反对李鸿章、反对张之洞，顺带着反对体制、反对清王朝。如果说，章太炎从此有了一些反叛思想的话，大约应该从这个层面去理解。

一、被迫的反叛者

章太炎确实不是有意反体制，他那么热心为李鸿章出招，那么高兴前往武昌去主编《正学报》，都表明他对既有体制还抱有信心。然而，当他一再失意，一再不能得志后，继续指望章太炎对体制忠诚，似乎也就没有道理了。章太炎开始反省这个体制的问题了，于是一个原本善良的体制拥护者、认同者竟然被一步一步地推向体制反叛者。

反体制的思想在章太炎的脑海里或许已有一段时间了，但这还不是其思想的主体或主导，他回到上海之后，曾经将途中写的那首具有反叛思想的《艾如张》抄给他的朋友看，但他个人还是依然前往张之洞做后台老板的《昌言报》任主笔。

按照张之洞的构想，《昌言报》是因为与康有为、梁启超等人闹气而由汪康年办起来的，其政治理念当然还是支持朝廷的政治变革。然而这场轰轰烈烈的政治变革到了1898年秋天却戛然而止，原因据说是因为康有为对和平的变革迟迟推展不起来有点不满，于是策动袁世凯的部队和两湖英雄豪杰用暴力手段劫持慈禧太后，迫使皇太后将政权还给康有为认定的英主光绪帝。

当然，康有为的武装暴动只是一个计划，但这个计划却阴差阳错给泄露出去了。于是，谭嗣同等六君子被杀，康有为、梁启超师徒潜逃海外，中国政治发生大逆转，章太炎和他所在的这个《昌言报》也受到某种程度的牵连。

在1898年政治变革中，章太炎确实还算不上什么角色，他名义上是《昌言报》的主笔，其实并没有发挥多大作用。他在上海的那些日子，主要还是与几个老朋友诸如孙宝瑄、宋恕等人来往，喝喝小酒，聊聊天，议论一下北京的政局和政治改革的进展。他对《昌言报》的贡献，是从第一册开始连载《斯宾塞尔文集》，这是由曾广铨口译、章太炎整理润色的。

章太炎在1898年没有实质性的政治活动，然而由于他并不知道北京政治逆转的真相，或者根本不愿意相信朝廷的解释，反而相信康有为、梁启超等政治流亡者的解说，相信街谈巷议，相信各方面的传言，于是章太炎在事变之后反而介入了这件事。

根据与章太炎密切接触的孙宝瑄的记载，他们在10月2日从报纸上获知上谕宣布康有为的罪状，始知有结党谋反不利皇太后的事。他们接着推测，盖先欲剪除太后党羽，故撰密旨，令袁世凯擒荣禄，即以新军入都移宫。袁不从，以告荣禄。荣禄密奏太后。太后震怒，故降旨严拿。康有为已逃，仅获其弟康广仁等。很显然，这个故事梗概与朝廷的版本差距很大。

在特殊的政治阶段，人们不愿相信朝廷，愿意相信各种各样的传闻和小道消息，这也是人之常情，可以理解。于是，章太炎根据各种小道消息，继续演绎着自己的判断，他认为北京的政治变动可能并不像朝廷解释的那样简单，朝廷内部大约真的有一个新旧派别冲突，他根据对张之洞等人的直接观察，认为今日中国之反复小人阴险狡诈者，以两湖总督张之洞为甚。

名受其殃，君受其欺，士大夫受其愚，已非一日。至新旧党争，其人之罪状始渐败露，向之极口推重者，皆失所望。

根据这样的特殊心情和价值倾向，章太炎于 10 月 20 日在《昌言报》上发表《书汉以来革政之狱》，借古喻今，指桑骂槐，影射朝政，袒护康梁。这当然是一篇典型的影射史学，只是章太炎的学问太大，人们在愉快的阅读中并没有觉得有什么不妥。

按理说，章太炎在戊戌年间还算不上重量级的政治人物，在清政府的政治清查中也不是什么重点关注的对象，只是在北京政局发生大逆转的匆忙混乱中，正在北京的翰林院侍读学士黄绍箕因与康有为等人有密切接触，不知从哪获知在朝廷的惩处名单中列有章太炎。黄绍箕是浙江瑞安人，与同里孙诒让关系密切，曾于 1896 年合作在家乡开办瑞安学计馆。黄绍箕知道孙诒让对章太炎很器重，因而将这个消息迅即通知了孙诒让，孙诒让迅即告诉其妹夫宋恕，宋恕告诉陈黻宸，陈黻宸和宋恕为万全之计，迅即敦促章太炎赶快找个地方躲躲。

当时，适有日本诗人山根虎雄欣赏章太炎的才华，有意介绍章太炎去台湾一家报纸任职，并帮助台湾学务官馆森鸿修订诗文，章太炎遂于 1898 年 12 月 4 日抵达台北。此乃章太炎一生中第一次躲避追捕。从此，章太炎被迫走上了反体制的政治道路。

二、同情康、梁

章太炎抵达台北后，经上海《亚东时报》的日本友人山根虎雄、安藤阳洲的介绍，前往《台湾日日新报》当记者。

《台湾日日新报》是台湾当时第一大报，创办于 1889 年 4 月，社长为日本人守屋善兵卫，主笔为木下新三郎，中文部主任编辑籾三衣州。这个刊物带有很强的官方背景，也是从先前几份各方报纸整合而来，获得了台湾总督儿玉源太郎和民政长官后藤新平的大力支持，因而需要有文采、有思想的编辑和记者。大约正是这样一种背景，章太炎才来到台湾，出任该报记者。

在台湾，章太炎寓居在报社提供的宿舍中，并不常去报社，主要在家写稿，同时帮助日人馆森鸿修订诗文。章太炎还通过馆森鸿和台湾的许多名流雅士交往，这些名流雅士中也有一些日本人，这也为章太炎后来前往日本提供了条件。

章太炎滞留台湾时，为《台湾日日新报》撰写了一批文章和诗词，这些诗文展现了章太炎的才华和思想，也为他赢得了巨大的声誉，使他从先前囿于东南一隅的地方闻人很快蹿升为全国性的政治人物。

如果就思想发展的脉络看，章太炎在1898年秋天政治大逆转之前，对于康有为的政治变革思想其实还有很大的保留。他虽然接受谭献、孙诒让等人的建议，暂时放弃了从学术上痛骂康有为，但绝不意味着他能够认同康有为的那些主张。张之洞之所以看上他、邀请他前往武昌创办主持《正学报》，其实就是因为张之洞发现，或者是经过其幕僚钱恂发现，章太炎的思想与康有为有着很大区别，可以在某种程度上利用章太炎去反制康有为。即便章太炎在张之洞那里扫兴而归，他们也没有在对待康有为的立场上有什么分别，他们的分手别有原因。

到了上海，章太炎加盟汪康年主持的《昌言报》。不仅《昌言报》的背景是张之洞，而且《昌言报》之所以得以创办，也是因为汪康年与康有为、梁启超决裂，所以章太炎在《昌言报》的那些日子，应该说依然无法认同康有为、梁启超的学术主张和政治主张，尽管康、梁师徒在北京很火，很得势，毕竟汪康年此时与他们闹得不可开交，而章太炎此时又是汪康年的同盟者。所以，可以肯定的是，在北京1898年9月下旬发生政治大逆转之前，章太炎即便不是康有为、梁启超的死对头，也算不上同盟者。

至于在北京政治变动中被处死的那几位，据我们现在所获的资料，章太炎与他们毫无联系、毫无瓜葛，与他有联系或者说有间接联系的也只是北京政界相当边缘化的人物，像浙江籍的翰林院侍读学士黄绍箕等人。然而就在这场变动发生后，章太炎的思想发生了大逆转，他不仅相信民间那些攻击朝廷的传言，不相信朝廷的正规说法，反而很快写出感情真挚的《祭维新六贤文》，而且主动放弃与康、梁的争执，对康有为、梁启超寄予无限的同情，他的《书汉以来革政之狱》，就是以影射的史学笔法表示"其事虽不获平反于当时，而未尝不平反于后世"。断定北京政治上的大逆转只是历史的暂时倒退，康、梁所开创的维新事业一定还会继续下去。

仔细体会章太炎对康、梁的同情，很容易发现其缘由主要是他不相信朝廷的解释，朝廷对六君子的残忍杀害，大约是章太炎那时转而同情康、梁的根本原因。而且从话语传播层面说，政府的处理结束了就结束了，不可能一而再再而三反复唠叨，而受到迫害的康、梁反而利用手中的舆论工具不断强化受迫害的形象，赢得各方面道义上的同情。

1898 年 12 月 23 日，梁启超主编的《清议报》在日本横滨创刊，这个刊物在此后很长时间反复宣传、反复强化维新势力受压迫、受迫害的形象，凡此，也是章太炎不计前嫌，由康有为、梁启超的反对者转变为同情者的根本原因。

章太炎同情康有为、梁启超，也就同情了康有为、梁启超所塑造的光绪帝，也就变成了一个保皇的政治人物，相信康、梁建构的 1898 年政治故事框架，以为政治变革的失败主要是因为以慈禧太后为首的保守派的反对，并由此撰写《书清慈禧太后事》追溯其历史上诸多罪状，这虽然貌似历史真实，其实不过是捕风捉影、野史传闻而已。

对康有为、梁启超师徒二人建构的戊戌故事，章太炎几乎是照单全收，不加怀疑。其实从严格的历史学眼光看，章太炎当年的许多看法真的很有问题，至少不是那么严谨，是以讹传讹。比如他在 1898 年 12 月 28 日发表在《台湾日日新报》上的《俳谐录》中，以非洲沙漠鸵鸟为比喻，指责袁世凯甘为人服乘，载重而不怒，出胯下而不耻，以为正是袁世凯的出卖，导致了慈禧太后反手镇压了维新运动。这显然都不是历史主义的态度，而是一种情绪宣泄，是一种非理性的鼓掌。

基于对康、梁的政治同情，章太炎忘记了先前与康、梁之间的所有不愉快，他不仅密切关注着康、梁的动态，也设法与康、梁取得了联系。康、梁告诉章太炎，他们正在运动日本政府，希望日本政府帮助他们继续从事中国的政治变革，而章太炎回信表示，估计日本政府不一定会接受这样的建议。至于康、梁的政治遭遇和流亡生涯，章太炎寄予无限同情，他在《台北旅馆书怀寄呈南海先生》中，深情回忆过去交往中的点点滴滴，发自内心觉得一切都是那样地美好，"老泪长门掬，深情故剑知。"过去一切的不愉快，过去对康有为今文经学的不满与批评，章太炎在这里都忘得一干二净。

章太炎的深情使流亡中的康有为、梁启超非常感动，他们除了将章太炎的这些书信、诗文在《清议报》上发表外，对章太炎的"拳拳正义"给予很高评价，以为章太炎的识见绝出寻常而爱之深，真诚期待能够与章太炎携手合作，得尽怀抱，驰骋欧美，救此沦胥。

康有为的名头此时可是全球皆知，高傲的章太炎收到康有为的亲笔回复后也未能免俗，眉宇盱扬，阳气顿发，以为康有为的主张不啻"白金良药"，是拯救中国的最佳方案。

对于章太炎这种不计前嫌热衷吹捧康有为的姿态，也有人提出批评，强调你章太炎与康有为的学术殊途，往者你评议康有为的经学，其激烈其愤怒不亚于东汉范升与陈元之间的殊死争论，现在你怎么突然又变得这样护着康有为呢？

对于这样的指责与嘲弄，章太炎并不觉得尴尬，他坦然答道：你不知道南宋大哲学家叶适与朱熹之间的故事吗？他们在经学上判若冰炭，视若水火，互不相容，互相攻击，但当有人以伪学、朋党攻击朱熹时，叶适在朝，乃痛言小人诬罔，以斥其荒谬。知道这是为什么吗？道理很简单，他们可以在学术上有争论，但在政治上的看法并不一定就相互对立。章太炎说，他和康有为之间的关系，大约就是这个样子。

即便在学术上，章太炎此时也较先前有很大退让。他说，真正对康有为学术构成重大批评的，还是朱一新，而不是他章炳麟。朱一新曾因弹劾李莲英罢官，由此可知假如朱一新现在依然职掌朝政，依然有权建言，相信他也会转而支持康有为。至于我章炳麟的学问倾向，好像还没有像朱一新那样刻意推崇宋学，我与康有为之间的争论，也只是就《左传》《公羊春秋》的门户师法之间的问题，至于黜周王鲁、改制革命等，我章炳麟的看法与康先生的看法其实并没有多大的差别。何况旋乾转坤，以成振兴国家这样的盛事伟业呢？总而言之，一切理由都被章太炎说光，人们也就不好怎样指责他为什么改变了学术宗旨。

显而易见，章太炎此时对康有为的同情，在学术上刻意放他一马，主要的还是因为他认为康有为所从事的政治活动是一项正义的事业，不明不白因卷入了慈禧太后与光绪帝之间的权力冲突而受到政治迫害，这是章太炎的理由。至于康有为的那些陈说那些解释，究竟是不是历史真实，章太炎在那个特殊的时候，当然无法也没有条件深究。他的良知迫使他必须这样做。

康有为出逃之后，一直宣称自己手里拥有皇上赐下的密诏，责成他和他的同志救中国保大清。这里面的故事相当复杂，因为从今天所知道的历史事实来说，当然不能说康有为造假，他确实知道皇上有个密诏，确实是让他们为改革想办法，只是这个密诏是皇上赐给杨锐的，而康有为是通过林旭传达的口谕获知的。由于当时特殊的历史背景使康有为无法说出密诏的来龙去脉，或者因杨锐、林旭等当事人都不在了，而康有为真的不知道全部真相，所以康有为在海外一再宣称自己手里拥有密诏，也就一再受到另外一些人的质疑，认为康有为是胡说八道。

对于密诏的真相，章太炎也不愿仔细探究，但他依然出于道义上的同情，出于同党意气，义无反顾地站在康有为一边，为康有为声援，为康有为打气，奋力驳斥那些质疑者。他于1899年1月22日在《台湾日日新报》发表《答学究》一文，认为康有为所发布的密诏不容怀疑，因为从逻辑上说符合政治演变的情形。他指出，1898年秋天的政治大逆转，就是慈禧太后的大阴谋大夺权。由此也可证明康有为发布的密诏具有真实性可信性。不然，慈禧太后捉拿康有为，屠杀六君子，足以解除康有为等人谋围颐和园、劫持皇太后的阴谋，足以化解全部危机，然而，老太后却没有到此而止，反而将皇上囚禁于瀛台。

章太炎当然不知道皇上移居瀛台的真相，康有为当然也不知道朝廷政治运作的内幕。康有为确实不是有心造假，章太炎也不是曲意辩护，只是这个问题实在太过复杂。政治上的简单同情并不能代表历史真实，所以章太炎的辩护也就显得并不是那么有力量，那么有说服力。

三、客帝与分镇

按照康有为、梁启超的解读，在朝廷内部存在着两个司令部，以慈禧太后为首的保守派，主要是那些落伍颟顸的满洲贵族，他们不满意皇上推动的政治变革，认为这些变革侵害了他们的既得利益，所以他们不断向慈禧太后哭诉，希望慈禧太后出园训政，阻止改革。相对应，当然有一个以光绪帝为首的改革派,这一派当然也包括康有为和为改革付出生命的六君子。

章太炎当然也是因为此转而同情康有为、梁启超,放弃了对康有为学术上的敌视,转而对光绪帝有了好感,认为在清廷内部确实存在着两个阵线分明的派别。所以他在同情康、梁的同时,也在思考着怎样帮助光绪帝推动清廷的改革,于是他在 1899 年 3 月 12 日发表了一篇重要文章,探讨中国政治改革的基本模式。

这篇文章就是《客帝论》,最先发表在《台湾日日新报》上,稍后被梁启超主编的《清议报》转载,署名为"台湾旅客"。

在这篇文章中,章太炎对清朝的政治架构提出了一个根本改造,他认为由于清廷的主体是满洲人,遂使政治改革面临非常大的困难,而要想改变这种局面,一个最便捷最可行的途径,就是采用传统中国曾使用的客卿办法,设置客帝,化解政治改革的困难。

根据章太炎的看法,在当时条件下,完全排除满洲人的汉族革命大约是不可行的,因为尽管满洲人入住中原缺少相当的合法性,但历史毕竟这样走过了两百年,满洲人统治中原也是一个既成事实。那么怎么办呢?章太炎提出的思路是,像古代中国使用异国之才为客卿那样,可以考虑在目前特殊背景下设置一个特殊的名目即"客帝",即将现在的满洲君主更改为客帝,继续让这个客帝行使治权,就像现在的清国使用西方人为税务司、为军事教官那样,而将政权移交给汉人。如此,日趋高涨的"排满"主义情绪就会慢慢消解,满汉之间的冲突也就会减弱。

从章太炎的这个构想看,他还是在为清国考虑,并没有将清国作为反对的对象,而是为其出主意想办法,希望清廷能够度过这次政治危机。至于寻找汉人中的什么人来接收这个政权呢?章太炎根据《左氏春秋》今文学派《公羊春秋》的解释,以为最合适的选择莫若素王孔子的后人。他的理由是，欧洲纪年以耶稣，而教皇尝为其共主。以此类推，中国的共主为孔子，也就顺理成章、合乎成例了。这样，中国之共主，其必在乎曲阜之小邑，而两千年之以帝王自号者，也就只是像齐桓公、晋文公，或者日本幕府一类的情形而已。

章太炎能够想到用孔子及其家族作为中国共主，可能是因为他看到了日本天皇或其他国家的君主万世一系，有着久远的历史传承。他认为，在中国，真正的大家族大约只有孔子一系，自汉代受封以至于今，更十七姓、七十余主而不能以意废黜之。

孔子后人之为共主为帝王，是为了平衡满汉之间的矛盾，是为了消解汉族人的抵抗，特别是孙中山的"排满"革命。这一点是非常清楚的，这也是章太炎"与尊清者游"的必然结果。由于"与尊清者游"，章太炎的思想受到了这些尊清者的极大影响，使他发自内心认为即便慈禧太后非常坏，但光绪这个小皇帝可能还是不错的。这个年轻的皇帝对于清朝两百多年的历史已有相当深入的认识和悔恨，在西方近代思想影响下，也有了一些醒悟，以百姓之不得职为己大耻，于是选拔贤能，变革故法，使卒越劲，使民果毅，使吏精廉强力，使中国逐步恢复实力，重建辉煌，以抵御欧美白人的欺侮。对于这样还算明白的小皇帝，章太炎起了恻隐之心，以为不必像孙中山革命党所说的那样给予驱逐，而是应该继续留下来为客帝。其具体的权力架构是，虚尊孔子为中国之共主，光绪帝引咎降名，以方伯自处，而为客帝，臣民视光绪帝为长官而不再是君主，光绪帝拥有治权而不再拥有政权。在章太炎看来，这样就能有效化解"反满"与拥满之间的矛盾冲突，寻找一个权力架构的平衡点，光绪帝继续主持变法，主持朝政，只是中国的新君主是孔子的后裔，光绪帝和他领导的朝廷大约有点像日本的明治政府。

与客帝方案相辅而行的还有"分镇"。这是章太炎认真思考过的一个问题，其实也与近代中国地方自治思潮的萌生有着密切关联。

章太炎指出，当时的政治改革有着多种可能，但在国家体制还不能进行大修改大修正的时候，则莫若分镇，莫若以封建方镇为一，置燕、齐、晋、汴及东三省为王畿，属于朝廷的专属权力区域。其余的地方，则置五道，如关陇，附以新疆；如楚蜀，附以西藏；如滇黔桂林，如闽粤，如江浙。在这五道中，选拔那些优秀的督抚进行统治，实行相对独立相对完整的自治方案，政治上无以虚辞美称，行政署吏，均由督抚说了算，中央不得干预；至于财政，也由该地自主，该督抚自主，大约采取类似于现今的分税制，除了地方自用外，应该按照一定的比例，或者一定的数额向中央交纳。

更关键的一点在于，章太炎分镇方案实际上使地方保持彻底自治，督抚一受其爵，非丧土缺贡，就是终身职务，中央政府不得无故撤销其任职。即便这个督抚死了，中央政府也不必另行任命新的督抚，而是以老督抚的属吏代理，朝廷或中央政府不过是履行一个任命的形式而已。

章太炎的分镇制度设计，主要有这样两点考虑：一是近代以来，中国面对西方压力，往往显得力不从心，每次交往，总是在西方的压力下步步败退，完全意义上的中央政府总是受制于西方，往往吃亏。章太炎的分镇设计，就是要用地方的力量去抗衡外来的压力，一旦中央政府遇到西方的压力，遇到无理索要，就可以凭借地方相对独立自治的理由予以坦然拒绝。果如是，则外人不得挟政府以宰制九域，地方在这样的自治修炼中，就能够培养当地人民对地方大吏的认同和支持，人人亲其大吏，争为效命。而地方督抚也势必在如此情形下，修内政，安地方，各地的自治能力、自卫能力、发展能力，都必然会有很大的增长，必然会为大一统的中国寻找出一条发展新路。

二是章太炎希望通过这样的地方自治，使地方实力增强，能够培植出强有力且政治开明的地方势力，就像日本的萨摩、长州二藩在明治维新运

动中的作用那样，为大一统的中国政治变革找到一个更加可行更加经济的
道路。因为在章太炎看来，大一统的中国要想在政治上有所作为太难了，
中国的未来希望可能不在中央，而在地方。这就是章太炎所说的，从来的
政治变革政治发展，假如得不到藩镇以尊王攘"夷"，那么都很难。中国
要想走上宪政道路，就必须从培植地方自治入手。章太炎在 20 世纪 20 年
代的联省自治思想，其实就是从这里开始的。

四、与尊清者游

在康有为、梁启超的影响下，或许还有章太炎自己确实动了恻隐之心，
他对清廷发自内心觉得值得爱护值得支持，他的客帝论其实就是要阻止推
翻清廷的革命在中国发生，所以他在 1898 年之后很长一段时间并没有走
上革命的道路，他的政治理想依然是扶持清廷特别是扶持光绪小皇帝，反
对慈禧太后滥权专制，帮助光绪帝进行政治变革，因而他那个时间段的政
治语言其实就是康、梁式的政治改良主义。

当时，与章太炎有旧的钱恂受张之洞委派，出任湖北留日学生监督；
梁启超也来到日本横滨创办了《清议报》。章太炎在与他们取得联系后，
他们都热情邀请章太炎赴日。

1899 年 6 月 10 日，章太炎离开台湾转赴日本。他先后寄寓在横滨的
《清议报》馆及东京的钱恂官邸。

通过对与梁启超相处数日的正面观察，章太炎捐弃前嫌，认为梁启超
在经过 1898 年政治大逆转之后，变得更加沉稳，更加坚贞，简直就像松
柏之遇霜雪，经此考验，有了很大长进，今日之深沉，迥异乎前日。章太
炎将这些意思写信告诉汪康年，劝汪康年当维新阵营如此困难曲折的低潮
期，接受梁启超的道歉，冰释前嫌吧。

在日本，章太炎还因梁启超的引见，与孙中山相识。此时梁启超正在设法与孙中山合作，结成反体制联盟，而孙中山好像也觉得康、梁是一股可以利用的政治力量，有意合作。章太炎在与孙中山畅谈政治理念、治国方略，尤其在谈到中国土地问题时，两人在基本问题上有交集有争论，也有相同或相近的认识。章太炎向孙中山谈及自己对土地问题的看法，对于三代之井田，王莽之王田与禁奴，王安石之青苗，洪秀全之公仓，均在讨论之列。孙中山表示他最服膺美国人亨利·乔治的单税论，以为这种土地公有的理论可能有助于中国社会问题的根本解决。在谈到政治变革时，孙中山认为，1898 年之后中国的政治改革陷入了僵持，要想打破这种僵持，就必须有外力推动或破局。在目前情形下，不瓜分不足以谈恢复，如果有一场来自外部的流血冲突，这种僵持或许能够终结。

对于孙中山的议论，章太炎有的信服，有的默然，有的地方不以为然。章太炎以为，土地问题是中国几千年的老问题，孙中山的理论或许是一个解决方向，田不均，虽衰定赋税，民不乐其生，终致发难。社会就必然在一治一乱中循环往复。所以中国要想寻找一条长治久安的路，必须解决土地问题。

对于孙中山有关政治变革的主张，章太炎甚以为然，以为僵局已成，没有一场大规模的社会冲突或流血冲突，中国或许走不出困境。他认为，孙中山的这个判断不愧为远见卓识。

短暂的日本之行很快结束了，国内因 1898 年政治大逆转而引发的政治紧张也大体结束了，形势缓和。两个月后，章太炎于 1899 年 8 月下旬从日本直接返回上海。

一趟日本之行，使章太炎的思想发生了相当大的变化，这在他回到上海之后与宋恕的交谈中可以获知。宋恕是章太炎的老朋友，多年来一直致力于探究中国怎样才能变法成功，怎样才能使中国踏上与西方与世界一体化的道路，因而对日本明治维新也有自己的理解。他对章太炎说，他尝游日本，见其人民之勤，田畴之辟，士好学术，而官长贵族不骄，不窥其军旅财富，这就是日本能够强大的原因。今中国言变法者多矣，料简细故，利害相牵，得失或不相等。中国如果希望达到一种理想的政治境地，必须将政治交给一般百姓，让人民有权利有兴趣议论国事、关心国事，那么传统政治中的一些不良习气必然随之消失。中国如欲走上宪政之路并不是一件很难的事，也不必按照西方的路数亦步亦趋，只要能够参照日本的经验，结合中国的实际去进行，那么中国也一定能够像日本那样踏上宪政之途。

有了日本两个月的直接经验，章太炎也能对宋恕的看法提出自己的意见。章太炎认为，日本的民风从表面上看与中国相差无几，然而仔细分析，其差异还是蛮大的。日本因历史原因形成了真正意义上的封建体制，地方自治较中国发达，人民的政治习性当然也就与中国不一样，民性慕进，以偷生懒惰为耻。有良俗，故其宪政亦工，而不是由宪政去改变国民的习性，是国民习性决定了宪政体制。然而中国的情形则大异。至秦朝以来，中国实行郡县体制，中央集权，国祚数移，民无恒职。平时善柔之人，一步一步地爬升，也能够累积资历，以取卿相。假如遇到什么大的政治变故，特别是当周边族群入主中原的大变动时代，人心优劣于此愈发明显，许多人不顾廉耻，从下层社会爬上政治高层。面对此情此景，人民久而久之习以为常习焉不察，国民性格也就这样被重塑、被定性。由此，章太炎认为，中国立宪的最大障碍不是别的，而是国民习性。国民习性中的问题，主要在于社会上层即那些官吏权力来源的非法和无耻。所以中国要想走上立宪道路，其重要环节就是要改变国民习性，而改变国民习性的关键，就是将那些旧官吏彻底改造。今不课吏人贞邪，徒曰立宪可以定之，建议可以已之。这简直就是以《孝经》的道理，去说服黄巾不要起义不要闹事。所以今天清国政治变革的最大障碍就是那些旧官吏，这些旧官吏如果不能去除大半，任何政治变革都是不可能的。而要想将这些旧官吏去除大半，当然也是非常困难的，因为他们毕竟都是既得利益阶层，所以中国问题的症结，在章太炎的深层意识中似乎发生了变化，那就是完全依靠旧有的政治架构，依靠满洲人的旧有统治，可能希望越来越渺茫。

章太炎在民国年间写作《对二宋》的回忆可能注入了新的时代因素，他从日本回来的时候，或许思想上还没有这样清晰的认识，因为从他的交往中可以看到他依然是"与尊清者游"，他所热衷的，依然是从体制内进行改革。

1899 年下半年的重大事件，莫过于朝廷确定为光绪帝立大阿哥。在康有为等流亡海外的维新人士看来，光绪帝的存在是一个重要象征，失去了这个皇上，或许改革就永远不再回来。于是当立大阿哥的消息传出后，海内外维新人士一下子变成了保皇党人，他们发誓不惜代价要求朝廷保全光绪帝。1900 年 1 月 27 日，上海电报局总办经元善联络各界名流一千多人致电朝廷，抗议朝廷的废立之谋。大约为了表明这个抗议的声势，也大约因为章太炎的名头在经过一系列变故后有了很大提升，所以经元善在这份电报上将章炳麟的名字列入领衔的前 50 人。结果害得章太炎在此后不久不得不逃到租界躲藏，以躲避清廷的追捕。

章太炎并没有主动列名这份抗议电报，但他显然赞成经元善在这份电报中所表达的意思，也表明他依然希望能够继续从体制内部进行改革，避免流血，减少冲突。然而，朝廷的做法还是使章太炎这些人彻底失望了。

大阿哥如期选定如期宣布，这件事情的真相在一百年之后想想或许朝廷有朝廷的难处，但是由于保皇党人竭力反对，更传出有一些方面大员像李鸿章、刘坤一也有不同看法，而各国公使也因各方面意见不一不知如何抉择，于是对大阿哥和大阿哥的父亲端郡王采取了不理不睬的态度，中外之间因大阿哥事件陷入僵局。

中外之间的僵局无法突破，而当此时已在民间流行了一段时间的义和拳、大刀会充当了另外一种角色。

对于义和拳、大刀会这样的民间秘密结社，清朝从来都采用非常严厉的惩处措施，防患于未然。然而，自从1898年政治大逆转，列强就对清政府中保守势力的崛起踌躇不安，对中国的政治未来表示担忧，现在又因大阿哥事件拒绝与中国交往，冷然以对。这迫使清政府使用阴招，利用义和拳、大刀会等民间秘密结社的排外主义情绪。

清廷的意思或许是想利用义和拳打破中外交往的僵局，但是各国公使在这一点上始终不接招。列强一再要求清政府严厉镇压义和拳、大刀会，但对大阿哥、端王的新政府始终不愿接近不愿承认。

中外僵局终于导致了1900年春夏之交的重大变故，义和拳、大刀会在新任山东巡抚袁世凯的严厉镇压下，向京津地区转移，严重影响了华北地区的稳定和秩序，列强深感恐慌，而清廷中许多因大阿哥事件而对外国人充满仇恨的王公大臣却不这样认为，他们却对义和拳等持一种欢迎态度。列强为了维护他们的在华利益，为了那些侨民和传教士的安全，先是派遣使馆卫队，继则派遣多国部队日夜兼程赶往中国，深入内地，代清政府剿灭义和拳、大刀会。这就是1900年中国政治发展的大致脉络。

在联军集解并开始向北京进发的时候，在长江流域出现了一个非常奇特的现象，东南各省督抚竟然在两广总督李鸿章、两江总督刘坤一、湖广总督张之洞、山东巡抚袁世凯等人主导下与列强达成东南互保的协议，他们相约保护这些地区不受义和拳的侵犯，列强不要向这些地区出兵，这些地区由中国地方当局管理。

东南互保究竟应该怎样评价是一个问题，但在章太炎当时看来无疑是一个非常重要的契机，是实现他的分镇主张的绝佳机会，于是他毫不犹豫致信刘坤一、李鸿章，建议他们利用这个大好时机，明绝伪诏，更建政府，养贤致民，以全半壁。

章太炎在政治上确实够敏感的，与他致信刘坤一、李鸿章的同时，孙中山其实也在利用这个机会进行活动，孙中山的想法是希望李鸿章在华南独立，成立汉族人的政府。

李鸿章或许也有这样的选择，因为在当时那种紧急情形下，什么事情都可能发生。然而，当北方的局势趋于稳定后，李鸿章依然奉清廷正朔，欣然接受朝廷的委派前往北方与列强议和，孙中山的设想因此落空，而章太炎利用地方督抚实行分镇的方案也只能停留在纸面上。

五、割辫与绝

当孙中山策动李鸿章两广独立，章太炎游说刘坤一、李鸿章实行分镇的时候，湖广总督张之洞也有自己的考虑，他一方面与东南督抚一起签署东南互保的协议，一方面密切观察北方的战局，寻找机会应对方略。

按理说，张之洞是慈禧太后一手提拔起来的亲信大臣，他对慈禧太后也确实长时期忠贞不贰，在甲午战争、戊戌变法等一系列重大事件中，都坚定地站在慈禧太后一边。

然而，现在情况却不一样了。满洲贵族在1900年初不顾中外反对执意立大阿哥之后，引发了空前的政治危机，特别是端郡王载漪出任总理衙门首席大臣后，更是连连失误，出台一系列愚蠢政策，弄得天怨人怒，危机四伏，只要端郡王载漪还在台上，谁也不知道这样的错误政策会将大清王朝引向何方。于是，张之洞对清廷不得不感到失望，他的责任心，他的道德感，迫使他在忠君和忠于国家之间作出抉择，他最终选择与两江总督刘坤一相同的政治立场，竭尽全力维护长江流域的政治稳定，并时刻准备着北上"勤王",担负更重要的角色。

张之洞选择与刘坤一同样的政治立场维护长江流域的稳定,与列强订立东南互保章程,同时,他较刘坤一等人还多了一个选择,那就是勤王。

勤王这个概念当然是由于清廷己亥建储所引发的,真正付诸实践并作为一个政治口号号召天下的,还是流亡在海外的康有为、梁启超等所谓保皇党。

此时积极追随康有为昌言并推动保皇的弟子有唐才常。唐才常为湖南浏阳人,早年就读于长沙校经书院、岳麓书院,1894年肄业于张之洞创办的武昌两湖书院,所以又算是张之洞的门生弟子。张之洞素有爱护门生弟子的美誉,所以唐才常又与张之洞有着不同寻常的师生之谊。

1897年,唐才常积极介入湖南维新运动,与谭嗣同在浏阳创办算学馆,提倡新学;在长沙参与创办时务学堂,负责编辑《湘学报》,创办《湘报》、南学会、群萌学会等,是湖南维新运动中的一位非常重要的人物。

康有为、梁启超,特别是谭嗣同因出任军机章京北上后,湖南维新运动在守旧势力的反对下日趋萎缩,心灰意冷之余,唐才常也于1898年夏准备前往北京参与新政,而康、梁和谭嗣同在策划以武力解决新旧冲突时,也曾经毕永年提醒准备召唤唐才常前来北京予以协助,因为唐才常不仅敢于任事,而且也与绿林中的人物有很多关系。

唐才常收到谭嗣同的电召后立即动身,不料行至武汉,康、梁的行动计划不慎泄露,慈禧太后抢先动手,"1898年中国故事"终于落幕,六君子血染北京街头,唐才常被迫流亡,周游新加坡、日本等地。

在日本东京,唐才常拜会正在那里流亡的康有为,与康、梁等共谋救国之策,大致接受康、梁所宣扬的保皇主张。1899年初,唐才常返回上海,主编《亚东时报》,抨击政治守旧分子,继续宣传变法维新,决心"树大节,倡大难,行大改革"。大约也就在这个时候,章太炎从日本返回上海,遂参与了《亚东时报》编辑事务，与唐才常成为朋友。

1899 年秋，唐才常专程赴日本拜会孙中山，共商在湘鄂及长江流域起义计划以及孙中山与康、梁系合作问题。

唐才常在会党中拥有重要地位，这是他敢于在湘鄂及长江流域发动起义的资本和底气，通过与孙中山、康有为两派主要人物梁启超、林圭、秦力山、吴禄贞等人沟通，唐才常决定以会党为起义的基本力量，夺取武汉为基地；委派林圭回国负责联络会党，组织起义军，康、梁在海外筹款接济，唐才常负总责。

1899 年冬，唐才常潜回上海，广泛联络各方人士，设立东文译社作为秘密机关。不久又发起成立正气会，以忠君爱国、反清灭洋为宗旨，并筹划武装勤王。1900 年初，正气会更名为自立会，其武装定名为自立军，仿照会党建立山堂。数月间，仅长江流域及南方各省会党、农民，乃至清军官兵加入自立会的，就有十余万人。

在这十余万人的基础上，林圭选择大约两万人组建自立军七军，奉唐才常为总统兼总粮台，在汉口英租界设立指挥机关，显然是以两湖为活动中心。

当北方义和拳风起云涌越闹越大的时候，唐才常和一切关心中国现实和前途的人一样，敏锐地意识到这是千载难逢的历史机遇，于是在上海邀集各方名流和志士，于 1900 年 7 月 26 日在英租界张园即愚园之南新厅集会，召开"中国议会"成立大会。寓居上海的各界名流容闳、严复、章太炎、文廷士、叶瀚、狄楚青、张通典、沈荩、龙泽厚、马相伯、毕永年、林圭、唐才质等八十多人出席了大会，可谓名流荟萃，群贤毕至。

叶瀚主持会议，大家依次排列，北向而坐。叶瀚以主席身份宣读此次联会之意：一、不认"通匪"矫诏之伪政府；二、联络外交；三、平内乱；四、保全中国自立；五、推广"支那"未来之文明进化。叶瀚动议将这个组织定名为"中国议会"，令大众议为然者举手。举手者过半，议遂定。

接着，投票选举正副会长，令人各以小纸条自己写上心中所欲选举的正副会长姓名，交给书记。书记收齐点数，举正会长以容闳最多，得42票；举副会长以严复最多，得15票。于是，容闳、严复二位入座。容闳旋即向大会发表即席演讲，声如洪钟，意气风发，台下掌声雷动，兴奋不已。

章太炎是中国议会的积极参加者，但对第一次会议的三项决议持坚决反对立场。他在会后写了一个说帖，针锋相对批评这个决议，坚决反对以扶持光绪帝重新执政为中国议会的政治目标，更反对以勤王作为中国议会的宗旨。照章太炎的说法，中国议会的宗旨应该以拯救中国为根本目标，不能为拯救满洲贵族统治集团为目的；应该以振起汉族为宗旨，不能以振兴满洲为目的；应该以保全兆民为宗旨，不应该以保全一个皇帝为目的。

按照计划，7月29日，中国议会诸同志在张园召开第二次会议，到者六十余人，在签到簿上签名的有五十多人。会长容闳命孙宝瑄及张元济掌会计，两人均不愿意干，遂改命孙多森、唐才常权理其事。又选定叶瀚、邱震、汪有龄掌书记。郑观应、唐才常、沈小沂、汪康年、汪剑斋、丁叔雅、吴彦复、赵仲宣、胡仲巽、孙仲玙十人为干事。

中国议会第二次会议的重点仍然是讨论议会的宗旨，会议的主导意见似乎是：一、保全中国疆土与一切自主之权；二、力图更新日进文明；三、保全中外交涉和平之局；四、入会者专以联邦教、靖"匪乱"为责任，不承认现在"通匪"矫传之伪命。

与会者多数抱持这样三种看法，一是尊光绪帝；二是不承认端王、刚毅等；三是力讲明新政法而谋实施。虽然主张排斥端王、刚毅等满洲贵族中的顽固派、守旧派和坚定的排外主义者，但这些人并不主张"排满"，更不会主张孙中山式的革命。所以他们主张在联军还没有打到北京的时候，设法将光绪帝救出来，以保证中国法统的完整性。至于怎样才能将皇上救出来，大家的意见就不一致了，有的主张借重张之洞的力量，如汪康年；有的主张联络英日两国，通过外交渠道解决，如文廷士；有的主张倚重翁同龢或陈宝箴，如唐才常；有的主张密召康有为，利用康党进行，如狄葆贤。

对于这些主张，章太炎很不以为然，他向与会者散发了一个说帖，建议中国议会必须严格拒绝满洲人和蒙古人的加入，他的意思是将中国议会办成一个汉族人的新国会，是要诸位同人利用中外大乱的时机，重建一个汉族人的国家。章太炎在这个说帖中强调，中国议会的宗旨可以归结为三点，即，一、为拯救"支那"，不为拯救建虏；二、为振起汉族，不为振起东朝；三、为保全兆民，不为保全孤偾。很显然，章太炎的三点主张和与会者的主流思想差别太大，这已不是一般的改革，而是革命，是造反，与会的诸位同人谁也不敢追随附和，皆不以为然。

与会者的沉默与反对激怒了章太炎，道不同不相为谋，章太炎愤而退会，不再与各位一起玩了，大家各走各的路。

为了表达自己的决心，章太炎于 8 月 3 日割辫与绝，愤然剪掉了标志清朝顺民的大辫子，脱去了清国标志的长衫，改穿西装，并专门写了一篇《解辫发说》，宣布与大清国彻底告别。

章太炎此时走上"排满"革命的道路具有相当偶然性，中国议会诸公一方面强调不愿意承认以端王为首的新政府，因为这个新政府盲目排外，悍然与世界为敌，以一国敌十一国。这实际上是国家的不负责任，是将一己之私利凌驾于国家、百姓利益之上；另一方面，中国议会诸公大约是受到康有为、梁启超的深刻影响，或者是他们各自直接的感性认识，不认为端王的新政府代表了皇上的意思，皇上现在即便没有被完全废黜，可能实际上已经不再拥有权力，所以他们坚定地要求保皇，要求勤王，要求清君侧。正是这样一种矛盾的立场，促使章太炎的思想发生急剧变化。

一、爱国家并不必然爱朝廷

　　根据章太炎的看法，中国议会诸公的政治诉求是矛盾的，光绪帝、端王还有那个大阿哥，与朝廷是一体两面，并不存在着利益上的冲突与矛盾，众人受到唐才常的蛊惑太重了，而唐才常又受到康有为的蛊惑太久了，总认为光绪帝代表着朝廷中的进步力量，代表着中国的希望和未来。章太炎认为，这个判断可能是很有问题的，满洲人对于中国，其实就是一个阶级压迫着另一个阶级，满洲人从来没有把汉人当作自己人，戕虐贤骏。现在满洲政府更过分，为了一己私利，横挑强邻，戮使掠贾，四维交攻，不把国家当国家，为了皇族的利益，竟然拿国家做赌注，以一国挑战世界，违背《春秋》两国交战不斩来使的原则，违背现代国际交往准则，公然杀害外国公使，终于引来八国联军进攻中国进攻北京。章太炎强调，这是中国的危机，也是世界给中国的一个机会。中国议会应该利用这个难得的机会，推翻清政府，重建汉民族的国家。

　　事后想想，章太炎的判断是对的，端王也好，皇上也罢，他们之间的关系真的不是唐才常们所想象的有什么不共戴天视若水火的仇恨，端王也并不是一个彻底的排外主义者，皇上也并不是一个什么英明领袖，更不是什么中国的未来和希望。在对待义和拳、对待外国、对待汉族人等一系列问题上，他们立场一致步调一致，只是节奏不同、表现有异而已。稍后，唐才常策动的勤王运动竟然受到朝廷的迫害，年纪轻轻的唐才常因此而丧命。这也从一个侧面证明了章太炎预言的天才性。

在割辫与绝后第五天，章太炎给刚刚结识不久的孙中山写了一份热情洋溢的信，详细介绍了自上年在横滨见面之后国内政治变化，认为现在国内的政治形势因满洲政府倒行逆施而岌岌可危，满洲政府狂悖恣行，益我人理；联军进攻，将及国门；覆亡之兆，已经清晰呈现，不待问卜，就知道中国的形势到了怎样的危机状态。南方各省督抚为了自保，与列强签订了互保协议，我也曾在这个时候上书刘坤一、李鸿章，希望他们顺应历史，明绝伪诏，自建帅府，然而他们根本不听。东南大局，亦复岌岌。

至于上海各界名流组织的中国议会，章太炎也向孙中山做了介绍，他认为容闳当然是一个天资聪明的第一流人物，但与会诸公由于各怀鬼胎，贤者以保皇为念，不肖者以保爵位为念，莫不尊奉满洲，如戴师保，九世之仇，相忘江湖。只有我章炳麟一人坚决反对，严拒满洲、蒙古人入会，诸公不以为然，我也就只好移书退会，割辫与绝，断发以明不臣满洲之志。现在我和你孙先生终于成为一条战壕中的战友了，虽然我们在整个中国是少数，但是我章炳麟坚定相信，爱国家并不必然爱朝廷，推翻清朝，重建汉民族的国家，是这一代人的正义事业，一定能够成功。

章太炎的主动示好出乎孙中山的意料，因为孙中山在过去几年间，虽然做了许多工作，但真正的文化人即便在思想上认同孙中山的追求和主张，但却出于各种各样的原因，很少能够投身于这项看不见尽头的正义事业。现在章太炎来了，而且是主动来的，这当然使孙中山喜出望外，章太炎的文名、在中国知识界的影响力，那可不是一般的了得。孙中山指示《中国旬报》将章太炎的这份来信全文发表，并在编者按语中称颂章太炎这篇文字是有清以来，士气之壮，文字之痛，当推此次为第一。

8月14日，联军开始向北京进攻；15日，两宫逃出北京；22日，张之洞眼见大局已定，派兵包围武昌自立会机关，将准备勤王的自立军首领唐才常、林圭等二十余人抓捕，当夜处死。中国的政治局面又面临着一次大逆转。

在这一系列复杂的政治局面中，章太炎已经真的成为重要的政治人物了，表征就是当自立军起义失败后，章太炎竟然先因参加中国议会受到第三次大约也是第一次真正意义上的通缉，紧接着，又因那本具有"反满"意思的小册子《訄书》的出版，受到第四次通缉。

接二连三地被通缉当然意味着章太炎的地位在提升，意味着其地位的重要，但其生活在这种不断被通缉的过程中无法安宁，使他终日处在逃难、避难、躲避追捕的过程中，渐渐地，章太炎那点改良主义的想法被消磨殆尽，他终于撕下脸皮，成为一个无比坚定的"排满"革命家。

章太炎所著《訄书》，1905年东京重刊本。

章太炎的这些想法，在那个时代还是绝对的少数。更多人，并没有从个人生活经验中、从世界大势中，看出满洲统治集团的困局，看出打破困局的出路。大家差不多依然沉迷在爱国家更要爱朝廷的传统爱国主义层面，认为国家的困难就是个人的困难，个人应该帮助支持朝廷度过困难，走上坦途。1901年春，流亡在日本的梁启超鉴于中国困局，在自己主编的《清议报》上发表《积弱溯源论》，讨论自从被迫走上近代的中国为什么在过去若干年积弱不振，举步维艰。

　　根据梁启超的观点，中国积贫积弱的根源不是政府无能，而是人民愚昧，是全体国民的素质差，有奴性、愚昧、为我、好伪、怯懦、无动六大弱点。因此，中国要进步，就要启蒙，就要改造国民性。

　　梁启超的观点开启了后来"五四"新文化运动中的国民性改造的先河，只是梁启超设定的问题并不简单在此，他这篇文章的主旨就是要为满洲人开脱，就是要重建中国人对光绪帝的信任，认为年轻的圣明君主忘身舍位，依然为中国开数千年未有之民权，非徒为民权，亦为国权。梁启超这篇文章论证的落脚点，就是康有为的保皇主张，就是想方设法支持光绪帝重新掌握朝廷大权，排除慈禧太后对权力的占有和垄断。

　　从保皇党人的立场上看，事情或许如此，但在已经转变了思想观念的章太炎看来，梁启超的这些理论就显得有点荒谬了。梁启超迫于愚昧的忠君理念，不及择音，而忘理势之所趋，因而使其说法显得格外偏颇。为了纠正梁启超的看法，章太炎写了一篇《正"仇满"论》，不仅有力反击梁启超的忠君思想保皇理念，而且正面阐释自己的"排满"革命理想和预想中的实现途径。

　　章太炎指出，推翻清国，重建汉族人的国家，是这一代中国人必须完成的使命。

　　至于梁启超和保皇党人对光绪帝的幻想，在章太炎看来其实是一种天真的自我想象，光绪帝与那拉氏没有本质区别，他们都是满洲利益的代表者，即便光绪帝取代那拉氏拥有全权，他也不可能牺牲满洲人利益，不可能改变满洲人的统治方式，更不可能为全体中国人着想。满洲人只是一个特殊的利益集团，任何统治者都必须为这个特殊的利益集团去服务。这就是问题的关键。所以在章太炎看来，不能指望一个小皇帝，中国历史已经到了应该翻开新一页的时候了，今天的中国人无不切齿痛恨满洲贵族统治集团，无不思考着、期待着革命。

爱国家并不必然爱朝廷，当朝廷成为一个反动势力时，就只有打破它、粉碎它，这就是章太炎在这篇文章中所得出的结论。

二、"排满"革命不归路

1901年8月，逃亡中的章太炎经好友吴保初的介绍，前往苏州的东吴大学教书。

东吴大学是美国传教士创办于1900年，以宫巷书院为基础，合并博习书院、上海中西书院而成的，第一任董事长为美国著名传教士林乐知，校长为孙乐文。由于是美国人创办和主持，因而东吴大学充满自由讨论的风气，这对章太炎在那里自由自在地畅所欲言提供了良好的外在条件，从而使其"排满"革命的思想获得充分发挥。

章太炎的业师俞樾此时移居苏州，章太炎到苏州后去拜访了老师。老师早就从其他渠道知道章太炎已经开始了"排满"革命，因而见面伊始就大骂章太炎不忠不孝，号召弟子鸣鼓而攻之。章太炎当面辩解说，弟子追随先生治经多年，现在中国人的那点经学，按照先生说法，其实都来源于顾炎武。顾炎武之所以如此重视经学，其实就是要让后世中国人推寻国性，明华"夷"之辨。章太炎的辩解当然无法说服老先生，师徒二人就此分道扬镳各奔东西。章太炎随后写了一篇名文《谢本师》，认为先生既对儒家经学有深入研究，又博览群书，哪有不知道"戎狄"之说，那么老先生为什么还那样替满洲人辩护呢？章太炎认为，这就是吃人家的嘴软、拿人家的手短了。老先生既然接受满洲人的授职任编修，那总得对得起这份名义和这份俸禄。章太炎的解释或许太过功利化，但他与业师俞樾就此脱离师生关系的真相可能还有重新思索的余地。换个角度想想，章太炎将要从事的是一份充满风险的大事，成功了，为新朝元勋，功绩卓著；失败了，那可是满门抄斩，株连九族。章太炎此时如此高调宣布与乃师脱离师生关系，究竟是出于对老师的愤恨，还是出于对老师的保护呢？我们似乎可以从比较善意的角度去考虑。

在东吴大学自由自在的环境里，章太炎无限深情地投入到传道授业解惑中。他在那一年多的时间里，经常用民族大义、华"夷"之辨启发学生，号召学生爱国家并不必然爱朝廷。他有一篇文章题目是《李自成胡林翼论》，直接明显的敏感论题令许多人大吃一惊。江苏巡抚恩寿闻讯后极为紧张，他不希望在自己的地盘里出现什么叛党，迅即派员前往查处。章太炎在友人保护下，于1902年2月开始新的逃亡生涯，这是他第五次被通缉被追捕。

和那时中国政治流亡者的路数一致，章太炎很快到了日本横滨，借住梁启超的《新民丛报》馆。梁启超此时的思想较先前有了很大变化，学识日进，论述头头是道，其论说是以适宜当时社会与否为是非标准的，其语言文字，也日趋文雅干净，不再用山膏詈语以招致阻力。梁启超的变化引起了章太炎的好感，两人遂尽释前嫌，重归于好。章太炎也就自然成为《新民丛报》的作者。

梁启超的思想、文风有了很大变化，但他对孙中山的革命"排满"等激进主张还是不能认同。两派在日本是低头不见抬头见，谁有什么样的主张、有什么样的动作，大家心中都很清楚。孙中山很想将梁启超拉到革命阵营来，而梁启超也想将孙中山拉到保皇、改良的阵营里，两派领袖惺惺惜惺惺，但在观念上视若仇雠不共戴天，谁也无法撬动对方的阵营。

章太炎在国内曾发表《正"仇满"论》，专门批评梁启超的保皇思想，然而当他再次与梁启超相处后，却觉得梁启超的思想也有可爱处，所以他此时对于孙中山与梁启超的关系和争论处超然立场，不介入、不偏袒、不拉架、不帮忙。章太炎相信，中国的未来即便不在孙中山、梁启超两人掌控中，但若有一线生机，也只有他们两人最有希望，最有机会。

孙中山、梁启超、章太炎等人的三角关系并没有持续很久，而打破这个关系的是梁启超的弟子秦力山。

秦力山是梁启超在湖南时务学堂时的学生，1898年政治大逆转之后流亡日本，追随梁启超编辑《清议报》。1900年，利用义和拳事件潜回国内，前往武昌，追随时务学堂时另一位老师唐才常发动自立军起义，为前军统领。事泄失败，唐才常就义，秦力山逃往新加坡。在那里，他弄清自立军之所以失败的原因主要在于康有为拥资自肥，没有将筹集到的经费及时交给唐才常。

对于秦力山的指责，康有为、梁启超当然另有说辞，但秦力山由此脱离了康、梁，转向了革命，转向了孙中山。在日本创办了一份《国民报》，高举"民族主义"大旗，风行一时，章太炎的《正"仇满"论》，就是在这份刊物上发表的。

或许是因为这些原因，章太炎此次居住在横滨时就与秦力山等人比较接近，秦力山等也就有意识地将章太炎往孙中山这边拉。按照章太炎后来的回忆，此时在留学生中间与孙中山能够称得上志同道合的并不很多。章太炎看到此情此景不免有点伤心，觉得连孙中山这样的人都无法唤醒国人，那他这个疯疯癫癫的人如何能够赢得人们的信任呢，于是他想到了出家，

《国民报》月刊

想去当和尚，不再与政界学界的人往来，落得个心里清静。

秦力山获悉章太炎的此种心理后，很快告诉了孙中山。孙中山对于章太炎的文名和性格，早有了解，他们不仅见过面吃过饭，而且也曾通过信。于是孙中山决定乘着章太炎此时的心理危机，给予他最隆重的礼遇，以将这个大文豪彻底拉到革命阵营中来。

稍事准备，孙中山约陶成章、蔡元培、邹容、张继、汪精卫、宋教仁等百人在东京对阳馆中和堂为章太炎举行了隆重的欢迎典礼。孙中山陪同章太炎进入中和堂，奏军乐，然后畅叙欢宴，每人都敬章太炎一杯，据说章太炎那天一高兴，竟然喝了七十多杯不醉。孙中山给足了面子，章太炎欣然与孙中山订交，从此成为革命党中的一个重要成员。

章太炎的加盟是革命党人的重大事件，从此，革命党人的"排满"革命就充满着历史感和正义感。经章太炎提议，秦力山、冯自由、马君武等人同意于1902年4月26日举行"'支那'亡国242年纪念会"，以唤醒中国人的历史观念。

在为这次纪念会写的宣言书中，章太炎从大历史的视角罗列满洲人自入关建政以来对汉族人的残暴统治，强调满洲人的统治就是使中国成为殖民地，中国要想踏上与世界一体化的政治道路，第一步就要使中国从满洲人的殖民统治下解放出来，如果中国人不能推翻清王朝的政治统治，那么民主宪政、自由独立都只是一句空话。

章太炎将这份宣言书寄给孙中山、梁启超两人征求意见，孙中山对此高度重视，表示支持；梁启超也能够同意章太炎的观点，同意署名为赞助人，只是出于各方面关系的考虑，梁启超希望章太炎不要将他的名字公布出来，但他可以在主编的杂志上予以发表。

宣言书公开发表后，引起社会各界广泛反响，也引起清政府驻日公使蔡钧极端恐慌。为防止事情闹得太大，蔡钧亲访日本外务省，要求日本政府从大局考虑，设法阻止这场纪念会的举行。

对于蔡钧的请求，日本政府也给予高度重视。4月25日，日本政府特令警视厅总监制止章太炎等人开会，要求章太炎等发起人前往警察署接受调查。见面伊始，警长问章太炎，你是清国何省人？章太炎坦然答曰：我等皆为"支那"人，非清国人。警长闻言大吃一惊，继问阶级，士族乎，平民乎？章太炎答曰：遗民。警长不禁再三摇头，于是发言曰：诸君最近在这里创设什么"'支那'亡国纪念会"，有伤日本帝国与清国邦交，我奉东京警视总监命令，要求你们明天的会议不得举行。章太炎等与之争论良久也没有结果，只好退回另外再想办法。

章太炎等人原定4月26日在东京上野精养轩集会，到了那天上午，精养轩门口布满了警察，禁止中国人在此集会。然而由于会议通知早已发出不及更改，接到通知的数百人还是如约赶来，他们均被警察劝阻或遣散。唯从横滨专门赶来的孙中山等人弄清原委，建议改在精养轩吃饭，以逃避警察们的刁难。正式的纪念会，改在当天下午返回横滨举行。

26 日下午，孙中山、章太炎、秦力山、冯自由、朱菱溪等六十余人浩浩荡荡从东京返回横滨，在永乐酒楼举行纪念会。孙中山主持了会议，章太炎宣读纪念词。当天晚上，孙中山等横滨兴中会诸同志又在永乐酒楼为章太炎等人举行公宴，宾主均喝了不少酒，尽欢而散。

从此后，章太炎踏上了"排满"革命的不归路，成为近代中国第一批职业革命家。

三、驳康有为论革命书

"'支那'亡国纪念会"不久，章太炎又回到了国内，根据自己的思想变化，在故乡余杭安心修订《訄书》，使这本成名作日趋经典化，于是文风渐变。

章太炎返回故里前后，蔡元培和叶瀚、蒋智由、黄宗仰、林白水、王季同、汪德渊等人在上海发起成立中国教育会，期望通过教育造成理想的国民，以建立理想的国家。所谓理想的国民，就是具有共和理想和习惯；所谓理想的国家，就是共和国。

1902 年冬，南洋公学发生学潮，学校为严肃校纪开除了几名学生，全校学生两百多人为了声援这几名学生宣布集体退学。

为了接纳这些学生，也为了培养革命力量，南洋公学教员蔡元培遂以中国教育会会长的名义劝告这些学生不要散，而是结合起来成立一所新学校，继续完成学业。

在各方力量帮助下，新学校很快成立起来了，名字就叫"爱国学社"，蔡元培任总理，吴稚晖任学监，章太炎、蒋维乔、叶瀚等都是爱国学社的教员。

1902 年冬，蔡元培等在上海创办爱国学社，章太炎等任教员。图为该社师生在开学时的合影。

在爱国学社任教时期是章太炎思想发展的重要阶段。他通过课堂将自己的"排满"革命思想向青年学生广泛传播，号召学生树立人人平等的思想，敢于造反，彻底放弃保皇等不切实际的政治幻想，坚定推翻清朝、重建汉民族国家的政治信念。

1903 年的上海，正在酝酿着新的政治骚动。清政府在 1901 年宣布开始的新政，至此开始有了政治上略微松动的迹象；1900 年沙俄乘义和拳战争而强占东北领土的行为，也为中国人愤慨。于是，各种各样的集会差不多都以拒俄为政治诉求，抗议沙皇俄国拒不从东北撤军。这样的集会，在某种程度上说是政府的外交后援，因而即便得不到政府的批准和支持，至少也不会受到镇压或遏制。

配合着这些政治活动，爱国学社每周都在张园举行一次演说会。章太炎往往与蔡元培、吴稚晖等人一起，在那里发表激进的政治演讲。他们几

爱国学社出版的刊物——《童子世界》

个人都是主张"排满"革命的，因而拒俄运动的演讲往往被他们归纳至推翻清朝、"排满"革命这些论题上。

此次革命思潮的高涨有着复杂的背景，大体上说，还是清廷自1898年政治改革中断之后迟迟不见新的政治动作，1900年的义和拳运动固然是个理由，但稍后就有《辛丑条约》为中国提供了一个外部环境，列强保证不会再用武力肢解或瓜分中国，而清廷在1901年的新政宣示之后，却再也不见什么作为。这批青年革命党人的政治焦虑，大约都可从这个方面进行解释。

清廷政治上的迟缓，激怒了这些年轻的革命党人，甚至带动了那些原本以保皇、以改良为政治诉求的年轻知识分子。在孙中山、章太炎等人的影响下，梁启超、欧榘甲等政治改良主义者开始不耐烦了，梁启超一再致信乃师康有为，鼓动他更进一步，以革命党人联合策动革命，迫使清廷尽快踏上政治变革的轨道。欧榘甲在1901年发表的《新广东》中，甚至鼓吹广东脱离清廷宣布独立。凡此种种，都引起了他们的老师康有为的担心和忧虑。

康有为认为，这些学生离群索居太久了，摇于时势，不听师说，所以说出这些极端荒谬的言辞。另外一个原因是这些学生只知道阅读欧美新书，汲取西方的思想营养，而不能详察亚洲情势，但闻革命自立之事便羡慕之，而不审中国之情势、亚洲之大势。为了纠正弟子们的这些思想错误，康有为于1902年春发表《与同学诸子梁启超等论印度亡国由于各省自立书》，驳斥主张各省脱离清廷而自立的诸弟子。

很显然，康有为的保皇、反对革命的主张是一厢情愿，他的这种效忠言行在清廷那里并没有得到任何善意的回应。相反，清廷自1898年政治大逆转之后就从来没有放弃或改变对康有为及其所组织的保皇党等政治组织的敌视和镇压，从来将他们视为逆党、会匪，将之与孙中山领导的革命党同样对待。

清廷的做法在康有为看来，或许可以理解，因为康有为内心清楚得很，他在外面做的这些事情，虽说有皇上赐给杨锐的一道御旨做护身符，但从本质上说与清廷没有任何组织上的关联，并没有接受过朝廷的任何指示。然而，康有为毕竟是1898年围谋颐和园、劫持皇太后的主谋，他如果不拉住皇上这面旗帜，手中就没有任何政治筹码了。

然而，康有为的追随者们可不这样想，他们在经历了几年磨难后，总感觉一厢情愿地保皇是热脸遇到了冷屁股，自己对朝廷竭尽忠诚却被视为"逆党"，想尽一切办法保全皇上却被视为"会匪"。与其如此受歧视、受刁难，还不如反了，还不如和革命党人一样，以铁血行之，仿效华盛顿革命自立，或可以保全中国、保全国民、保护自己。于是，南北美洲华侨中的保皇党人开始反叛，他们纷纷向康有为提出类似要求。

追随者的要求合情合理，然而果真这样做了之后，保皇党人也就不再是保皇党人了，康有为非常明白这一举动的严重后果，于是他立即发表《答南北美洲诸华商论中国只可行立宪不可行革命书》，详细解释自己的保皇主张、立宪主张，以及为什么坚决反对革命、反对"排满"的理由。

在答弟子书和答南北美洲诸华商书中，康有为始终强调的只是一个原则，即"中国不能走上革命之路"，或者说"应该想尽一切办法阻止中国走上革命道路，要想尽一切办法使中国走上君主立宪的道路，只有君主立宪能够使中国强大，使中国转弱为强。革命、'排满'，必然使中国'陷入内乱''陷入内争'，使中国国力逐渐衰弱，最终必然'导致亡国灭种'"。

康有为指出，大家对清廷的不满只是暂时的，因为清廷现在被一批昏庸的旧人如慈禧太后、荣禄等人垄断着权力，圣明的君主光绪帝依然靠边站。这是不正常的，也是大家现在失望的根源。不过大家应该相信，这种情形不会永久如此，一旦那些昏庸的旧人退出了历史舞台，一旦圣明的君主掌握权力，情况就会改变，皇上一定会像日本天皇、俄国尼古拉二世等人一样，救国救民，亟予民权自由，其心至仁如天，至公如地，其公天下而无少私，视天位如敝屣，这不仅是欧美诸国所未有，也是中国历史上前所未闻的。所以，各位在政治道路的选择上要有耐心，要等待，相信这一天不久就会到来，想想看，皇太后、荣禄毕竟都是六十多岁的人了，而皇上才不过三十来岁，一旦皇上复权秉政，中国的面貌必将在一夜之间天翻地覆，换了人间。

为什么说中国不能走上革命"排满"的道路呢？为什么必须阻止中国走上"排满"革命的道路呢？康有为认为主要是基于这样几个理由：一是中国国情与欧美迥异。美国为新造之邦，人少地多，又没有历史包袱，所以容易造成民主之国。而中国地大人多，历史悠久，不独与美国迥异，即便在欧洲也难以找到相似的情况。二是革命是一种不得已的手段，但凡有一点办法，也不应该走上这条路。三是中国如行革命必然招致列强瓜分。

这就像印度一样，国内革命如鹬蚌相争，得利的永远是鹬蚌之外的第三人。四是皇上仁圣，享有天命，通于国际大势，足以变法而强中国；久历艰难，能公天下，足以立宪而兴民权。所以，中国的唯一出路，在康有为看来就是一句话，保住了皇上，就保住了中国的未来。

康有为的这几封信被其弟子大肆张扬，一时间在国内外造成很大影响，许多阅读过这两封信的人觉得康有为说得也不错，君主立宪应该是中国的首选，至于革命，至于"排满"，确实应该放在最后再考虑。康有为不再是"排满"革命的同路人，而是成为地地道道的反对者。中国革命要想继续往前走，就必须对康有为的这种思想进行严厉批判。

然而，康有为的这些理论有历史依据有哲学道理，一般人要想弄清楚来龙去脉很难，更不要说给予批判性思考了。历史的责任落到了章太炎的头上。怒不可遏的章太炎面对康有为的挑衅勃然大怒，拍案而起，以《驳康有为论革命书》为题，系统驳斥了康有为反对革命、反对"排满"

发表在《黄帝魂》中的《驳康有为论革命书》

的谬说。

针对康有为满汉早已平等，不存在阶级压迫的观点，章太炎说，这简直就是胡说八道，是睁着眼睛说瞎话。在清国的政治架构中，满洲人在各个方面都享有特殊的权利，中央部院的满汉架构，从来都是满洲人领导汉人；军机首领、总理衙门领班大臣，什么时候都是满洲人，汉人高官即便做到曾国藩那样的中兴名臣，在朝廷中也只能是等而下之的微臣、末臣，而且时刻担心功高震主，担心被满洲人算计。现在，流亡海外惶惶不可终日的康有为竟然觉得自己是大清国的主人了，可以分享权利了，这真是痴人说梦，是把自己太当作一回事儿了。

对于康有为顶礼膜拜的那位圣明天子，章太炎也毫不客气地予以揭露。认为那个小皇帝根本不是康有为所想象的那样圣明英武，他之所以同意变法、同意维新，完全是因为私心在作祟，是他知道不变法无以交通外人，得其欢心；非交通外人，得其欢心，也就没有足够的力量去排斥老太后的权力和势力。所谓百日维新，貌似轰轰烈烈，究其实际，不过是那个小皇帝利用这场政治运动保住自己的权位而已。章太炎指出，这个被康有为捧上天的小皇帝，其实只是一个生养在深宫、成长于妇人之手，不分五谷、不辨菽麦，只会纸上谈兵的孱弱之主而已。自1898年以来的政治发展已经证明，这个儿皇帝不是什么明君英主，一个连自己都无法保护的人，怎么能够指望他去拯救中国呢？指望这样的小皇帝与天下共忧，那不是缘木求鱼、画饼充饥、望梅止渴的傻瓜吗？

至于康有为一再推崇的君主立宪体制，章太炎认为，这是中国一条走不通的路。按照世界立宪通例，议院一般由上下两院组成，中国如果立宪，汉人或许能够在下院稍有机会，但在上院，肯定主要是那些皇亲国戚、贵族高僧，根本无法代表下层民众特别是汉人下层民众的利益，更不要说什么满汉平权了。现在的满洲人连自己的发祥地都被俄国人占领了好几年而要不回来，一个失去自己发祥地的君主，有什么资格去宣布立宪？而且，从世界立宪通例看，以君主之诏宣布立宪并不是真立宪，任何一个君主都不可能自觉地、主动地约束、收束自己的权力，更不要说放弃自己的权力了。

君主立宪在中国就是一条走不通的路，中国的未来只在革命，只在"排满"。章太炎指出，革命当然避免不了流血，但是立宪就能够完全避免流血了吗？如果熟悉西方民主国家的历史，不难发现那些立宪国家，也无不是从枪林弹雨中走出，无不经历过腥风血雨。即便是中国的近邻日本，其明治维新之初同样经历过一场反对幕府专制的国内战争，如果不是清除了这些政治上的守旧势力，谁能保证后来的明治维新能够顺利地走下去。立宪并不必然只是和风细雨、口舌之辩，革命也并不必然就是血流成河、血流漂杵。尽管如此，中国的政治变革也要有流血牺牲的准备，同时要尽量少流血、不流血，少牺牲、不牺牲。

章太炎的批驳可谓是高屋建瓴气势磅礴，有理有据，在一定程度上确实遏制了康有为所散布的改良主义思想，助推了革命"排满"思想在国内外的传播。

四、"《苏报》案"

张园系列演讲会的激进言辞为章太炎赢得了巨大声誉，使他成为上海滩最具思想的演讲家；而批判康有为、梁启超等政治改良主义和保皇党人的战斗檄文，更为章太炎赢来了巨大文名，使章太炎成为社会各界崇拜的对象，认为他是有学问的大革命家。

1903 年 5 月，四川青年邹容完成《革命军》的写作。邹容是章太炎结识不久的朋友，邹容或许是因为章太炎的名气太大，需要章太炎为自己提升文名，或许是因为自己与章太炎已经结拜为兄弟，请章太炎为自己这本小书写序言以利推广，总而言之，章太炎欣然答应为邹容《革命军》作序，并在序言中对这部著作给予很高评价。

很显然，章太炎为邹容的《革命军》作序，并不单纯因为兄弟情谊，他确实为邹容的革命精神所感动。他在序言中说，我章炳麟持"排满"主义已有几年时间了，就是不见真正的响应者，而邹容的这篇《革命军》振聋发聩，为义师先声。章太炎还由邹容的意思引申发挥，强调"在一个种族内的改朝换代谓之革命；一个种族压迫另一个种族，谓之灭亡；驱逐异族，谓之光复。现在的中国既然是灭亡于满洲人之手，那么中国当前任务，就是要推翻清国，光复中华，而非革命"。至于邹容为什么将书名定为《革命军》，章太炎以为作者的意思很清楚，那就是此次光复不仅要推翻异族统治，而且顺带着要将政教、学术、礼俗等政治文化等方面的陋习一并革除，所以命名为《革命军》。

章太炎的鼓吹使邹容的《革命军》风靡一时，有出版商将邹容的著作和章太炎的序及《驳康有为论革命书》等合在一起出版，海内外各种翻刻本不知凡几，或以为此乃中国版的《独立宣言》和《民约论》，为中国人指出了一条可供选择的发展方向，举国震动。

恰当此时，章士钊主编的《苏报》发行量不理想，于是，聪颖过人的章士钊一方面郑重聘请章太炎、邹容等具有激进"排满"思想的人担任撰述，一方面将章太炎的《驳康有为论革命书》、邹容的《革命军》及序文等，在《苏报》上刊发，并组织撰写多篇评论介绍文章，以期形成规模效应，提升《苏报》发行量。

章士钊的眼光确实厉害，章太炎和邹容等人的文章发表后，《苏报》发行量直线上升，但由此引起了政治上的麻烦。正在上海的钦差大臣吕海寰看到这些文章心中很不安，再结合张园系列演讲，吕海寰提醒江苏巡抚恩寿注意这些反朝廷的言论，对张园演讲会的组织者演讲者不可掉以轻心。

吕海寰的建议背后或许有个人恩怨，但这个建议对两江总督魏光焘来说，无疑相当被动。这儿是自己的辖区，竟然发生反政府反朝廷的事情，于是他在 6 月 20 日向朝廷呈上了一个密电，建议查禁上海爱国会演说。毫无疑问，魏光焘希望化被动为主动。

对于魏光焘的报告，朝廷迅即批转外务部。外务部在第二天根据魏光焘的建议向沿江沿海各省督抚下达严密缉拿的指令。

根据朝廷指令，两江总督魏光焘于 6 月 26 日委派江南陆师学堂总办俞明震专程前往上海，会同上海道与领事团交涉，要求租界当局协助捕拿蔡元培、章太炎等人。

俞明震抵达上海当天晚上约见吴稚晖，以委婉的口气暗示朝廷严厉查处意图，这显然是希望吴稚晖向相关涉案人员透露，未抓先惊，最好各自逃走，彼此相安无事：你们逃跑了，我也可以向朝廷交差了，时间一长也就算了。

魏光焘、俞明震等人的用意已经很清楚了，所以吴稚晖、蔡元培、章士钊、陈范等能跑的都跑了，他们显然期待像过去各次一样，逃过风头，一切如常。关键是要逃过风头。

然而，在这个过程中，就是有人不信邪，比如章太炎。吴稚晖在获悉事情可能不妙的消息后，就曾当面劝章太炎赶快逃走，而章太炎不以为意，反而骂吴稚晖没骨头，小事扰扰。《苏报》馆主陈范逃跑时也曾让他儿子设法通知章太炎赶快躲一躲，但同样没有引起章太炎的注意。

章太炎不愿逃跑，当然有自己的考虑，除了骨气外，最重要的是他相信租界是安全的，租界当局会保护他们的言论自由和人身安全。而且，我章炳麟已被清廷查拿七次了，这次就是第八次了。我还跑什么呢？大不了就是杀头。我章炳麟敢"反满"敢革命，志在流血，我这一次就不再跑了。这就是章太炎所具有的烈士或志士情结。

章太炎的判断显然错了。当巡捕房用各种方式无法惊走他的时候，6月30日晚，也就是在报馆账房先生程吉甫被捕36小时之后，章太炎也在爱国学社被抓捕。

据说，章太炎被抓时非常勇敢，竟然大义凛然地对工部局巡捕说，其他人都不在，要拿章炳麟，我就是。于是巡捕将章太炎羁押至四马路老巡捕房的楼上。这就是震惊一时的《苏报》案。

五、囚徒三年

章太炎被羁押后，一直被关在四马路老巡捕房的楼上。由于是租界负责管理，各方面的条件还不错，那里备有特别的房屋，生活方便，甚至允许朋友亲人随时看望，允许章太炎在那里接待客人。

尽管如此，章太炎刚进来时非常失望，因为他发现除了自己外，不论是张园演讲会，还是《苏报》案，都没有什么重要人物，吴稚晖、蔡元培、章士钊、陈范等都跑了，只有他一个人被抓捕。恐惧、失落、不平衡或许一度占了上风，于是他莫名其妙地写信给邹容和龙泽厚，诉说自己的寂寞与恐惧，希望这两位兄弟能够男子汉敢作敢当，前来自首。

老大的劝说真的起了作用，邹容和龙泽厚接到章太炎的信后，竟欣然于7月1日跑到巡捕房投案自首。

邹容、龙泽厚的做法使巡捕房大吃一惊，因为他们很少遇到这样的事，以为真假难辨，未敢遽收。邹容见状反而急了，强调我不是邹容，岂肯自投罗网？巡捕房只好暂时收押。

7月15日，会审公廨将章太炎、邹容、龙泽厚及《苏报》馆账房程吉甫、假孙中山钱宝仁、陈范的儿子陈仲彝等六人提往审讯。

此次审讯比较搞笑的是原告方为中国政府，而被告则是这几个中国人。会审公廨谳员孙建臣高声宣布传"中国政府到案"，宣布"中国政府控告《苏报》馆大逆不道，煽惑乱党，谋为不轨"；宣布"中国政府控告章炳麟大逆不道，煽惑乱党，谋为不轨"等，让人听着总觉得刺耳和不舒服，堂堂一个政府竟然与几个人成了对手，成了控辩双方。这自然使章太炎等人更加自信，当他听到这些话语时，不禁觉得以中国政府控告他，这也算是他的光荣，而且这个控告不在他国法院，而在中国自己所管辖的最小的新衙门，真是千古笑柄。

原告指控章太炎的，除了革命"排满"外，还牵涉章太炎引玄烨、弘历、载湉小丑等语，认为干犯庙讳，指斥乘舆，悍然攻击皇太后和当今圣上。

对于原告的指控，章太炎并不示弱，他在自我辩护时强调，他看到康有为著书反对革命，祖护满人，所以著书驳斥。书中是说到了"载湉小丑"几个字，触犯了清帝圣讳，但我只知道清帝只是一个满洲人，并不知道清帝还有什么圣讳。

第一次审讯就这样结束了，章太炎等一干人犯仍被英国巡捕押送回关押的地方。据章太炎自己说，沿途观者不禁唏嘘，而他自己很得意，诵"风吹枷锁满城香，街市争看员外郎"而返。

7月21日下午两点一刻，章太炎、邹容等五人被巡捕房乘马押解至会审公廨，接受第二次审讯。清政府聘请的律师古柏发言时表示，上次审讯后，查得此案之外另有交涉，有许多事情还没有弄清楚，现在不便向法庭提出，因此原告方请求暂时中止审讯，待调查清楚后另行会商审讯日期。

对于原告的建议，被告章太炎的律师博易在发言时表示反对，认为原告的理由不能成立。根据《公共租界章程》，租界内的事情，应归公堂审理，现在的原告究竟是中国政府，还是江苏巡抚，还是上海道台，被告方都弄不清楚。

对于被告律师的询问，法庭给予解释，表示章、邹等犯，系奉旨着江苏巡抚饬拘，言下之意，属于钦犯，原告也就是中国政府了。

被告律师接着说，政府律师如果不能指出被告所犯何种罪行，又不能说清还有什么事情，那么法庭应该将此案注销，将被告无罪释放。

原告律师哈华托接着说，此案由最为明白，现在只是等待政府与租界当局进行交涉，一旦议妥，立即开庭。谳员孙建臣接受了原告的建议，此案审判暂时中止，章太炎等人继续在巡捕房被羁押。

当天晚上，驻沪领事团举行会议，上海道台袁树勋在会上要求废除租界会审及租界定罪协议，要求租界当局将"《苏报》案"罪犯引渡给清国政府。领事团对袁树勋的建议无法回答，即便他们将此事向各国公使做了汇报，各国公使也表示无法决定，只能请各国政府进行研究，再作决定。

各国政府对于是否将章太炎等人移交给中国政府原本游移不定，然而当清政府于 7 月 31 日将新闻记者沈荩杖毙于刑部的消息传出后，西方各国舆论哗然，迫使各国政府决定不能将章太炎等人交给清政府，因为章太炎、邹容等人与沈荩差不多犯有同样的言论罪，如果将他们交给清政府，不是会有同样的结果吗？

清政府的野蛮刑法激怒了西方社会，也帮助了章太炎和邹容。他们在外国人的拘留所中相对来说享有比较人道比较有尊严的待遇，在那几个月中，章太炎与邹容相互唱和，甚至有闲情写写文章，由于和外界并没有完全中断联系，所以章太炎还能对一些正在发生的政治事件进行评论。他们失去了自由，但换来了安全和宁静。

几个月的交涉转眼就过去了，各国政府虽然没有在章太炎、邹容等是否移交给清政府一事上达成一致，但在英国等主流国家坚持下，"《苏报》

案"的审理依然回到原来的轨道上。

12月3日,第三次审讯重新开始。原告律师古柏首先代表清政府提出控告,强调如果被证实了被关押者有罪,会审公廨有义务适用中国的法律和惯例,因为犯罪者都是中国公民,犯罪行为发生在中国的领土上,触犯的是中国政府,他们应受到中国法律制裁,这在以往的中外条约中写得很清楚。

在做了几点评论之后,古柏建议法庭先审理陈仲彝、钱宝仁和程吉甫三个犯轻罪的被关押着,因为他们已经在监狱里被关了四个月,控方认为已经足够抵消他们在本案中所负的责任。也就是说,控方不打算要求对钱宝仁、程吉甫有进一步的惩罚,可以立即释放。至于陈仲彝,由于他是陈范的儿子,现在已知道陈范已经离开上海,似乎也没有勇气为《苏报》的言论负责,所以他的儿子受到牵连被带到法庭。但是对于陈仲彝,控方也不打算让他受到进一步的惩罚,但要求在陈范没有到案期间,陈仲彝必须保证在法庭传讯时应随时到庭。也就是说,原告放弃了对这几个人的指控,可以由法庭宣布无罪释放。

在此后的审理中,原被告双方的律师集中在章太炎和邹容身上。原告律师古柏认为,章太炎和邹容被指控的罪名在英国被称为煽动性的诽谤罪。中国法律也像其他国家的法律一样,有叛国、煽动暴乱、造反等反政府的罪名。最严重的是公开造反,依据中国法律这种罪应给予最严厉的惩罚,所有国家也都认为这是最严重的罪行。接着,古柏用大量时间征引章太炎在《驳康有为论革命书》和其他文章中的文字,以证明章太炎的目的就是煽动造反,煽动革命,煽动驱逐满洲人。更厉害的一着是,古柏在这次指控中,反复强调章太炎在过去两次审讯中已经承认了原告的指控是有事实依据的。这实际上等于章太炎已经认罪。

被告律师当然不能同意原告律师的指控,反复强调现在的审讯是从头开始，没有任何形式的供认或记录可供参考。他代表被关押者请求，他不犯有被指控的罪名。被告律师的策略就是无罪辩护。

在第二天的审讯中，原被告双方的律师对章太炎进行了询问，章太炎也对这些询问一一作答，比较有意思的询问及回答还是关于"载湉小丑"的理解，章太炎的回答是，根据外国观念，对统治者的名字并不避讳，我为什么不能直接称他为载湉呢？至于那个小丑的说法，比较准确的理解不过就是个"小孩子"的意思，并不存在什么毁谤。至于《驳康有为论革命书》，章太炎在自我辩护中强调自己是写给康有为个人的，至于为什么出版，就不是他的事情了。

在第三天的审讯中，控辩双方对证人进行了提问，然后就是控辩双方律师进行辩论。

12月9日上午，汪瑶庭宣布判决，宣称"章炳麟、邹容照例科罪，皆当处决。今时逢万寿开科，广布皇仁，照拟减定为永远监禁，以杜乱萌而靖人心，俾租界不肖之徒知说警惕，而不敢为匪，中外幸甚"。

汪瑶庭的这个宣判只是清政府的一面决定，并不符合英国人的立场，英国方面早就暗示过最多不能超过三年监禁，所以当汪瑶庭的宣判刚结束，应该算是额外法庭组成人员的英国副领事当庭抗议，表示这个结果并没有和英国方面协商，因此不能同意。除非将章太炎、邹容的刑期减为三年，否则此判决通不过。

判决的执行权并不在中国政府，而是在租界，英国的反对就意味着这个判决不可能被执行，因而也就没有实际意义。后经中英两国外交渠道反复协商，1904年5月21日重新宣判，议定邹容监禁两年，章太炎监禁三年，罚做苦工，以示炯戒。限满释放，驱逐出境。刑期自被巡捕房抓捕之日起算，所以章太炎还需要在监狱度过两年多时间，邹容还有一年。

对章太炎、邹容的判决虽然是由会审公廨宣判的，但由于执行权还在租界手里，所以他们在宣判后被转移至提篮桥西牢服刑，这里依然是外国人管理的监狱。

章太炎、邹容刚入狱的时候，也曾受到非人道的待遇，监狱方将他们投掷在一个空房间中，让他们直观见识了狱卒的残暴和犯人的痛苦。章太炎、邹容相与咋舌裂眦，担心自己受不了这份苦。章太炎伤心地对邹容说：你我身体如此虚弱，又不可能甘心受到他们的侮辱，与其被这些白人凌辱殴打而死，还不如我们早点自我了断。不过，你的刑期还有很短时间，你应该坚定地活下去，如果我章炳麟死了，他们也一定会担心名声太坏而改善你的条件。邹容闻言哽咽流涕，表示大哥真死了，小弟活着也没有意义。还不如我们一起死了，一了百了。

监狱其实早都防着犯人自杀，所有能够自杀的工具早就被收走，他们能够使用的工具只有一个，那就是绝食，就是饿死。

主意既定，章太炎和邹容联句做了几首绝命词，便开始了绝食。绝了五六天后，除了咳嗽吐血外，根本没有要死的迹象。有狱友告诉章太炎，有的人绝食四十多天仍不死，你这仅仅五六天当然没有用了。你其实不必这样做，在这个监狱里，五百人中每年就有一百六十人因为各种原因而死。所以真想死就不必着急。

狱友的话启发了章太炎，章太炎遂对邹容说，食亦死，知必死。我知道怎样应对这件事情了。从此他们兄弟二人好吃好喝，但凡遇到狱卒想欺负他们，章太炎就毫不客气挥以老拳，或者将狱卒手中的武器夺过来对打。章太炎固然知道不是狱卒的对手，但他更知道司马迁所说的知死必勇的道理。他虽然往往被狱卒打得死去活来，但他也确实对那些可恶的狱卒痛下狠手，当然他也受到更严酷的报复。

章太炎在狱中罚做裁缝，一是缝袜子底，一是为犯人衣服上编号写字。后来又让他去烧饭，章太炎认为这是一个美差事。

第五章

在流亡的日子里

三年的苦难终于慢慢地熬过去了。三年前，章太炎虽然在知识界稍有文名，但对于英、美国家来说，好像并没有谁知道他。一场惊天动地的大官司，一场一个人和一个政府的法律决斗，极大地提升了章太炎的文名，使章太炎成为国际级的大人物。苦难磨砺了人的意志，苦难有时也会给人带来意想不到的收获。

一、《民报》社长

1906 年 6 月 29 日，章太炎三年刑期届满。一大早，一大批章太炎熟悉和不熟悉的旧雨新朋蔡元培、于右任、朱少屏、柳亚子、刘道一、张默君、熊克武、但懋辛、刘师培、叶瀚、蒋维乔，还有接受孙中山委派，专门从日本东京赶来的同盟会代表龚练百、仇式匡、时功玖、胡国梁等，集聚在河南路工部局门前等候章太炎出狱。

长期在上海从事革命宣传活动的同盟会会员于右任

10时许，章太炎走出牢门，诸位等候者鼓掌欢迎，遂由叶瀚陪同乘坐马车至租界外巴子路中国公学。

　　按照会审公廨当年的判决，章太炎出狱后三天内必须离开租界。由于章太炎所犯是反政府罪，因此很多朋友担心他这样离开租界，是否会被清政府二次逮捕。中国公学的诸位朋友担心清政府加害于章太炎，于是劝他还是早点离开上海。

　　基于这种担心，章太炎在当天晚上便用同盟会预先购买的车票登上日本轮船，漂洋过海，其实是被清政府和租界驱逐出境。

　　对于章太炎来说，一年前成立的同盟会是一个全新的组织，主要领袖有孙中山、黄兴、宋教仁，包容的团体则有黄兴、宋教仁、陈天华的华兴会，孙中山、胡汉民、汪精卫的兴中会，以及陶成章、章太炎、蔡元培、秋瑾的光复会等多个"排满"革命组织。同盟会的政纲就是孙中山提出的"驱除鞑虏，恢复中华，创立民国，平均地权"；同盟会的机关报原为华兴会的刊物《二十世纪之"支那"》，后更名为《民报》。此次同盟会将章太炎从上海请来，就是专门请他主持《民报》笔政的。

兴中会首批会员数十人秘密宣誓的地方——李昌住宅

华兴会的活动地之一 ——长沙天心阁

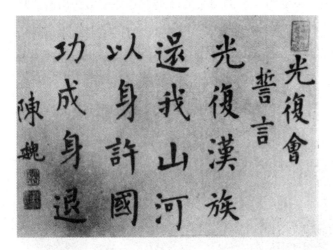

光复会誓词

　　刚到东京，章太炎就住在《民报》编辑部中。7月6日，与宋教仁在孙毓筠家中会晤。第二天，在孙毓筠的介绍下，由孙中山主盟，加入同盟会，并被委任为同盟会机关报《民报》的编辑人和发行人。

7月15日，同盟会组织两千多名留学生举行集会，欢迎章太炎。集会正赶上下雨，会场里又进不了那么多人，许多人便冒雨在会场外聆听章太炎的演讲，演讲题目是《平生的历史与近日办事的方法》。

在讲到自己的历史时，章太炎刻意强调自己的民族主义、"排满"主义形成的时间很早，在少年时代就有一种"种族主义"的"觉醒"，甲午战争后看了一些东西洋的书籍，逐渐从理论上明白"逐满"独立的道理。

章太炎承认他的民族主义只是一种独自的摸索，直到在日本见到了孙中山，才遇到还有同样想法的人。然而，那时"排满"革命在东京并不被广泛认同，跟随孙中山革命的，为数甚少。所以那次他又心灰意冷，甚至想披上袈裟到印度当和尚。

如今，他再到东京，情况根本改观。留学生中追随孙中山先生革命的，较从前增长了百倍，人们心中"排满"革命的因子终于被激活了。章太炎心中很高兴，他似乎看到了革命成功的希望。

面对日趋高涨的革命形势，章太炎认为不能掉以轻心，他建议至少要从两个方面开展工作。第一，要用宗教发起信心，增进国民的道德；第二，要用国粹激励种性，增进爱国的热肠。

根据这些思想原则，章太炎在接受《民报》编辑事务后，利用这个言论平台，连续发表了《无神论》《革命之道德》《建立宗教论》《箴新党论》等，进一步阐释其用宗教发起信心、用国粹砥砺种性的主张。这些文章的发展和鲜明有力的观点不仅使《民报》名声大噪，而且使这一份宣传革命的刊物增强了学术上的厚度，后人说章太炎是有学问的革命家，其实主要是指他主持《民报》时的贡献。章太炎的文字虽然不像《新民丛报》主编梁启超的文字那样清新流畅，但其文雅华美，文字考究，也是别具一格。革命党人中的章太炎与保皇党人中的梁启超犹如两座高高的山峰，不论是在这两派之内，还是在这两派之外，差不多都被他们的文字、思想、论题所吸引，他们的文字为 20 世纪第一个 10 年留下了不可磨灭的记忆。

"民族主义"是章太炎在《民报》时期的思想重点，他利用一切机会和一切可能宣传鼓吹民族主义，他的宣传或许蕴含着"种族主义"的情绪，但在当时对于推动"排满"革命还是具有非常积极的意义。他在《民报一周年纪念会祝辞》中庄严宣布，《民报》从此以后唯有高举"民族主义"大旗，率领我四百兆兄弟姐妹同心勠力，宣扬国光，驱逐爱新觉罗和满洲贵族，为建立民国而奋斗。在稍后发表的《讨满洲檄》中，章太炎像孙中山一样，视满洲人对中原的两百多年统治为殖民统治，因而号召四百兆中华种族团结起来，扫除鞑虏，恢复中华，建立民国，平均地权。

推翻清朝，在当时来说几乎是一个不可能的使命。而要达成这个目标，就要有一支革命的队伍，这支革命队伍不仅要有"道德的革命"，还要有"革命的道德"。章太炎指出，现在的革命者如果从道德层面进行观察，究竟比历史上的陈胜、吴广等人有多大进步呢？革命并不是口头上说说，并不是一味去鼓吹，革命者如果没有良好的道德修养，革命就是一句空话。革命者的道德，章太炎将之概括为"知耻""重厚""耿介"和"必信"四个方面，或者说是"四大道德"。四大道德虽然都来源于传统，但又都被章太炎做了新的阐释和规定。无道德者不能革命，无道德者即便革命也不能成功，即便侥幸成功，也不能持久。这就是章太炎对陈胜、吴广至康有为、梁启超所有革命、变革等经验教训的深刻总结。

在《民报》时期，章太炎的思想主旨是"民族革命"，是推翻清朝，而推翻清朝之后所要建立的新国家、新政体，也是章太炎此时思考的重点。在《国家论》《代议然否论》等文中，他以卢梭的天赋人权为理论出发点，以卢梭的社会契约论为思考框架，重构了一个心目中的理想国家形态。

章太炎认为，国家的本性是抽象的、虚幻的，是假有的，那么所谓爱国，也就是一种迷妄。虽然爱国的意思并不因这个说法而产生障碍，但是有了这层意思，就必须警惕所谓爱国并不是在所有时间、所有条件下都具有正当性、合法性和合理性。在章太炎看来，所谓的爱国之念，强国之民无论如何不能再强化，弱国之民无论如何不可忽略。这就像自尊心一样，身处显贵的人不可一再炫耀自己的自尊心，而社会下层的民众却一定要有自尊自强的念头，要有尊严不可侵犯的信念，就是要使社会保持一种常态、一种平衡和一种适度的张力。

出于对国家本质、功能等方面的考虑，章太炎在《民报》时期还探讨了未来中国可能的政治形态。他在《代议然否论》中对东西方各国的政治架构进行了比较研究，肯定了三权分立、代议制的合理性、有用性、正当性，也对这种体制本身的问题提出不一样的修正。

章太炎的这篇《代议然否论》发表于 1908 年，其最直接的政治目标就是清廷主导的九年宪政改革方案，尤其是杨度所宣扬的君主立宪主张。也只有从这个非常具体的政治背景出发，才能弄清章太炎对后君主专制时代政治架构设想的真实意思。

根据章太炎的看法，立法、行政、司法三权分立有其内在缺陷，他的修正方案仍然是三权分立，只是将这三个权力转换成了行政、司法和教育。很显然，章太炎是在利用传统中国的政治资源，以教育替代立法的功能。这种改变很难说是什么理论上的发展，因为传统中国的教育本身就不只是教育，而西方意义上的立法也不是章太炎想象中的立法。

二、论辩革命与改良

孙中山、章太炎，以及所有革命党人的理论，都不是书斋里的空想，而是非常强烈的现实需要，有着直接的政治背景。他们要推翻的是清廷，所以他们的论战对手就是清政府，特别是清政府的御用学者。革命党人的论战目标是清政府，但清政府始终不做回应，不把革命者当作论战对手，于是乎，革命党人的论战对手只能等而下之，成了保皇党。

保皇党的领袖也就是康有为、梁启超，他们曾经有机会与革命党人合作，但由于价值理念等各方面的原因，还是分道扬镳。保皇党人始终对革命党人的理论给予严厉批判，康有为所写的那几篇告弟子书，其实就是强调革命不可能、不必行，革命是洪水，是猛兽。而章太炎所写的《驳康有为论革命书》等，其实就是针锋相对批判康有为，这实际上是革命党与保皇党论战的序幕。

《民报》创刊后，孙中山在《民报》上正式发布民族、民权和民生的三民主义，正面宣传中国革命的背景、原因、纲领和目的。紧接着，汪精卫、朱执信、陈天华等也都在《民报》上发表文章，狠批清政府，狠批保皇党。

到了《民报》第三号，明白揭示革命党人的六大主义：一、颠覆现今之恶劣政府；二、建设共和政体；三、土地国有；四、维持世界真正之和平；

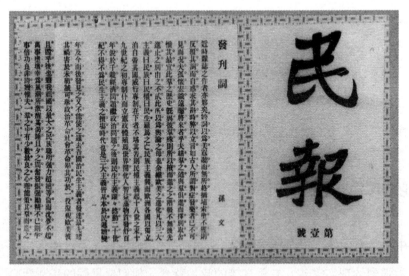

中国同盟会机关报《民报》于 1905 年 11 月 26 日在东京创刊。孙中山为《民报》撰写了《发刊词》。图为《民报》第一号。

五、主张中国、日本两国之国民的联合；六、要求世界列国赞成中国革新之事业。

《民报》鲜明的政治立场，在国内外引起了强烈的反响，同时也激起康有为、梁启超等保皇党人的激烈反对，一场理论上的争辩势不可免。

就当时国内政治形势变化来说，清廷在国内外一系列政治压力迫使下，已经再度认同了1898年政治变革的路线，相继开始了以改良主义为主要特征的新政、预备立宪。这种政治迹象深刻影响了康有为、梁启超，使他们觉得朝廷正在按照他们的规划而前进，他们觉得朝廷宣布以15年的期限实现宪政虽然显得漫长了点，但就中国的历史特征、政治经济发展情形而言，可能还是比较合适、比较贴切的。因此，他们坚决反对《民报》鼓吹的以革命手段推翻清政府的主张，认为这种推倒重来的政治主张不仅荒唐，而且残忍，会引起一系列无法承受的灾难。按照康有为的话说，他向

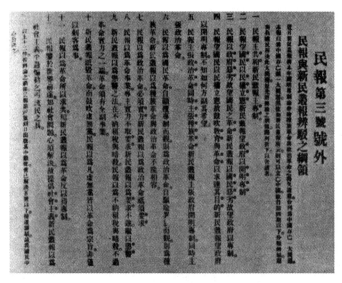

革命派以《民报》为阵地，同保皇党的喉舌——《新民丛报》展开激烈论战。图为1906年4月《民报》第三号的号外——《民报与新民丛报辩驳之纲领》。

来不担心中国被外国所瓜分所吞并，而深深惧怕因革命而引发的内乱。他向来认为，只要中国不内乱，无论怎样不进步，以中国体量之大、人口之众，在世界上总还算是一个重要国家。然而，假如中国发生内乱，则无论英雄豪杰如何众多，也很难阻止中国像印度一样灭亡和消失。所以康有为的基本观点是，立宪不立宪，对于中国来说还在其次；而革命与不革命，这才是中国最吃紧、最要命的事情。为了中国的安宁与未来，反对革命成为康有为、梁启超和保皇党人的历史使命，至少他们个人是这样认为的。

对于康有为、梁启超的反革命言论，革命党人给予坚决回击。根据革命党人的看法，这个清朝政府大肆出卖中国人的利益，只是一个洋人的朝廷，代表着洋人统治着这块"殖民地"。所以现在的"排满"革命就是要将满洲人赶出中原，顺带着就要解决中国民族自立自存问题。

按照孙中山一揽子解决方案，中国革命还不是一个简单的"民族主义革命"问题，而是"民族革命"与社会革命一并解决。在政治上，革命党人主张在推翻满洲人的政权之后立即建立民主共和的现代国家，而不是重建汉族人的帝国，不是君主立宪；在经济上，革命党人主张实行民生主义，彻底解决土地问题，解决贫富不均问题。

革命党人和保皇党人辩论的另一个关键问题是革命的后果。保皇党人始终散布革命恐惧论，渲染"革命是洪水，是猛兽，革命必然造成杀人如麻、血流漂杵，革命必然引起内乱、内讧，必然影响列强在华利益，引起列强干涉。如果革命后秩序不能很快恢复和重建，列强很有可能出于自身利益的考虑，瓜分或肢解中国，这实际上就是亡国灭种"。

对于保皇党人的宣传渲染，革命党人始终反对，认为这种宣传只是别有用心的污蔑。革命不是某一个特权利益阶级争权夺利，争夺帝位，革命是为全民族争福利、争平等，更不会造成内乱、内讧，革命完全可以有秩序地进行，革命更不会危害到列强的在华利益，不会引起列强的瓜分或肢

《立宪论与革命论之激战》——革命派与保皇党
论战文集

解。相反，革命党人承诺革命后的新政权面向世界全面开放，一如东西洋
各国一样，完全融入国际社会，成为国际大家庭中的一员，何来排外？何
来孤立？何来被瓜分、被肢解呢？

　　革命党和保皇党的论战在章太炎加入之前已经进行很长时间了。由于
清廷此时已经开始君主立宪的政治改革，其政治目标在某种程度上说，与
保皇党人的立宪主张相似或相近，所以在国内知识界，更多的人或许倾向
于君主立宪而不是革命，理由就是那样简单和直接，朝廷既然同意立宪了，
为什么还要发动如此惊天动地的大革命呢？因此，革命的理论和宣传在
1906 年，也就是章太炎加入前后陷入一个低谷或低潮，革命党人之所以在
吴樾炸五大臣之后开始频繁发动武装暴动，其实是政治上陷入低潮的反应。

　　章太炎的加入在某种程度上改变了论战的性质。章太炎不再在革命与
改良孰优孰劣上与梁启超等人争高低、争输赢，他将重点放到揭露保皇党
人政治信誉不可信上，清廷的立宪不论理论上是否正确，但其动机却值得

怀疑，清廷和所有统治者一样，不可能自我约束、放弃权力、缩小权力。清廷所豢养的那些督抚也不可信，他们只是一批老官僚，不可能将中国带上光明的前途。

对于保皇党人，章太炎始终有点瞧不上，特别是对康有为，新仇旧恨叠加在一起，使他觉得此公就是一个典型的政治投机者，在政治上毫无信誉可言。康有为在流亡海外的日子里，一再炫耀"载湉小丑"给他的所谓"衣带诏"，以此证明自己保皇的合法性，但这一点并不被清廷所认同。章太炎的指责，是在暗示康有为的政治信誉有问题，他所鼓吹的改良主义保皇路线，连清廷都不认同，凭什么还能成为中国未来发展的道路呢？

至于清廷立宪的虚伪性，章太炎有许多揭露。他始终不相信任何统治者会自动地放弃权力收束权力，所以他在论战中强调要丢掉幻想、坚持战斗，无论清廷立宪走多远，章太炎始终认为，这场立宪最终结果一定是失败。后来的历史发展真的被章太炎不幸而言中，原本在理论上好端端的预备立宪，就是因为清廷在最后时刻的自私，出台了一个皇族内阁政治架构，发布了一项极端自私的铁路国有政策，终于终结了被章太炎和革命党人始终视为政治欺骗的立宪闹剧，清廷用自己的行动证明了章太炎等人的判断。

在早几年，章太炎对地方督抚抱有相当的幻想，他的分镇理论，其实就是希望清廷能够在权力下放方面做点文章，让地方督抚利用各自的区域优势独自发展，然后再为全国的政治改革提供方向。然而经过一系列政治变故，章太炎的想法不一样了，到他主编《民报》时，他认为，清廷豢养的这些地方督抚基本上不可信，革命者对这些督抚一定要抛弃幻想，不要再抱有依靠督抚进行革命、进行变革的任何想法。章太炎指出，现在的督抚是朝廷豢养出来的，富贵尊荣与皇帝相差无几，他们谁会愿意放着平坦大路不走，去和你一起革命，自寻荆棘？从来的藩镇不是逼到没路可走的时候，他们断不会起来造反。

章太炎强调，"中国革命的基本力量还是那些草根阶层。且看从古至今的革命历史，凡从草茂崛起的，所用都是朴实勤廉的人，他们就能将前朝弊政一扫而空；若是强藩内侵，权臣受禅，政治总与前朝一样，全无改革。因为帝王虽换，前代的腐败贪污的风俗，流传下来，再也不能打扫。像现在中国官场情景是微虫霉菌到处流毒，不是平民革命，就不可能成功。"

三、《民报》被查封

　　实事求是地说，清廷的立宪运动对海内外的中国知识界有着非常强烈的吸引力。按照梁漱溟的说法，他们坚信梁启超、康有为等人为中国问题所开的君主立宪的处方是解决中国问题的灵丹妙药。认为梁启超所提倡、鼓吹的国会制度、责任内阁、选举制度、预算制度、国库制度、审计制度，乃至银行、货币等问题，都是中国未来应该实行的优良制度，中国如果按照梁启超一班人的规划进行改革，就必然能够像西方国家一样，建设一个近代国家。

　　君主立宪的稳步进行深刻影响了国内外知识界，革命陷入空前的低落状态。即便在日本，日本政府看到清政府在立宪道路上越走越远、越走越踏实，其对革命党人的看法也就在不知不觉中改变。

　　1907年9月4日，清国外务部照会日本政府，要求对在日本出版的《民报》《洞庭波》《天义报》《复报》等刊物禁止出版，禁止印刷流通。日本外交当局为了讨好清政府，以便在正在交涉中的东北问题上获取更多利益，倾向于建议政府改变先前容忍甚至帮助革命党人在日本出版报刊的既定政策，给清政府一个人情，一个面子，设法查禁，至少须严格限制革命党人在日本的出版物。当然，日本外交当局把握着查禁或严格限制的度，完全视清政府在外交上，特别是在东北利益上，能够向日本让多大的步。

日本人的态度、清政府的态度，都取决于日俄战争之后国际格局的变化。从国际大局看，日俄战争的结果使英日同盟在远东占尽了上风，远东的战略格局因英、日同盟而被打破。英、日同盟对远东的垄断当然不符合后起大国德国和美国的利益，所以为了抵制英日同盟，德国人于1906年动议组建中、美、德三国同盟。

德国人三国同盟的建议引起清廷高度重视和兴趣，只是清廷考虑到英国和日本对三国同盟可能激烈反对，因而迟迟不敢答应德国人的建议。

中国的自我孤立鼓励了英国和日本，几经折腾，日本竟然与俄国握手言欢，稍后甚至出现了英、法、日、俄四国同盟的雏形，他们联合统治着远东，使德国还有美国都感到格外失落，于是德国人再度推动中、美、德同盟，美国人对此也变得非常积极。

对于德、美两国的建议，此时主持中国外交事务的袁世凯高度认同，认为这是中国走出外交困境的一个重要机会，中国如果能够与德国、美国结盟，一定能够在亚洲遏制日本，甚至牵制俄国、英国和法国。基于这一系列判断，清廷批准了袁世凯的方案，于1908年秋派遣唐绍仪出访美国，推动中、美、德三国同盟的建立。

为了防止不必要的干扰，中国对三国同盟的消息严格保密，然而日本和英国的谍报网委实强大，日本人和英国人还是在唐绍仪出访前就获悉了中国政府的计划。日本人当然不希望中国与美国、德国结盟，所以一方面加快与美国的秘密谈判，以重大让步阻止美国与中国结盟；另一方面略施小计将唐绍仪的代表团拖在日本动弹不得。日本人下决心破坏袁世凯的布局，下决心要用美国人的力量清除对日本最具威胁的袁世凯。

日本高官将唐绍仪和他的代表团在日本的活动安排得非常密集，显得对日中关系的改善非常重视。在这种情形下，唐绍仪觉得既然一时无法动身前往美国，那就顺便在日本谈谈吧。于是他代表清政府郑重请求日本政府禁止发行同盟会的《民报》，表示日本政府如果能够做到这一点，显然有助于中日关系的发展。

日本太需要用各种理由稳住唐绍仪、稳住北京的袁世凯了，于是日本外交当局迅即建议政府同意唐绍仪的这个请求。1908 年 10 月 19 日，日本警察总监龟井英三郎根据内务大臣平田东助签署的命令，封禁《民报》。其理由是《民报》第 24 号中的《革命之心理》和《本社简章》等，违背了日本《新闻纸条例》第 33 条，即不得作败坏风俗、危害秩序的宣传，要求《民报》停止发行和销售。

这些当然不是真正的理由，所有的罪名不过莫须有或子虚乌有。《革命之心理》只是在批评一些革命志士那些不健康的心理状态，认为革命者必须建立良好的革命心理，才能像俄国的虚无党或印度志士那样，为民族独立、社会进步而奋斗、而献身。

日本政府当然也不是就事论事要查禁革命党人的刊物，他们这一次除了查禁《民报》外，还查禁了《天义报》《衡报》《四川》《云南》等刊物。从这一系列措施看，日本政府的举动主要还是要和清政府进行交换，至少是以此些微让步拖住唐绍仪和他的代表团。

面对日本政府的无理查禁，《民报》发行人兼编辑人章太炎奋起抗争。10 月 20 日，章太炎到《民报》所在地警察署领取查禁令书时，当即表示抗议，并很快提交抗议书。强调《民报》所说，毫无涉及日本的事情，但说革命，也没有无政府、虚无党一派的议论，这是《民报》始终如一的主张。章太炎明确指出，日本政府之所以这样蛮横，其实不过就是为了讨好清政府，满足唐绍仪的要挟而已。

第二天（21 日），章太炎向日本内务大臣发出一封抗议信，强调《民报》简章中的所谓"六大主义"在发表前经内务省认可，现在内务省并没有将这项认可撤回，为什么突然下令不许刊登这些内容呢？内务省如果认为《民报》扰乱了日本社会秩序，那么就直接将我们驱逐出境好了。

23 日，警察署长向章太炎展示了内务省命令原件，并做了解释，承认日本政府之所以这样做，主要是因为外交，而不是因为法律。对于警长的解释，章太炎依然表示无法接受。他在当天再次致信日本内务大臣，直截了当揭露日本政府这样做就是因为唐绍仪此次途经日本，以清政府将与美同盟威胁日本，又以间岛领土、抚顺煤矿、新法铁道等权益问题与日本进行交换。章太炎认为，日本政府为了那点私利背信弃义，是肮脏的、卑鄙的，因此他章炳麟作为《民报》编辑人兼发行人宁为玉碎，不为瓦全，决不会接受日本政府这种荒唐的命令。

日本政府出于外交需要做出这样的决定，在一时半刻是不可能改变的。为了应对这种突如其来的变化，章太炎于 10 月 25 日与黄兴、宋教仁等进行充分讨论，最后决定将《民报》迁往他国。而迁移之前，应该筹集一些款项起诉日本当局，无论胜负，也要打这样一场道义上的官司。

根据这些讨论，章太炎在第二天（26 日）第三次致信日本内务大臣平田东助，揭露日本政府在政治上的虚伪和狡诈，既然为了讨好清政府而查封《民报》等革命刊物，那就直接查禁、直接说明原因好了，完全可以不必采取这种栽赃的方法污蔑《民报》，迫胁《民报》改变宗旨，本报编辑人兼发行人虽然只是一介草茂，但素不受权术笼络。你们内务省如果有意督过之，封禁、驱逐，那就直接下命令好了，不必再让那些纵横之士腾其游说，越描越黑了。

日本政府不仅查禁了《民报》等革命刊物，而且禁止日本新闻界就这些事情发布消息。为了粉碎日本政府的新闻封锁，章太炎以"中国革命党"的名义写了一份《报告〈民报〉24 号停止情形》的传单邮寄各方，并请人译成英文向海内外广为散发。章太炎在这份传单中揭露日本政府与清政府相互勾结查封《民报》，揭露日本政府之所以这样做就是为了从清政府那

章太炎（左五）、黄兴（前排坐者）与《民报》编辑部部分人员合影。

里获取更多的利益。

　　章太炎的传单在中国留学生中引起极大反响。由于日本政府不许报纸刊登这方面的任何消息，留学生就想办法将这份传单到处散发，动员更多的中国人起来支持章太炎。留学生们痛斥日本政府迫害《民报》的鄙劣行径不仅是为了从清国攫取更多的非法利益，而且违背了良心，违背了现代国家新闻自由的起码原则。他们警告日本政府，如果顽固坚持这种反对革命的新闻主张，那么日本政府必将在清日贸易上蒙受巨大损失，中国同盟会有力量、有办法动员国内各阶级、各阶层抵制日货，中国人一定有办法抵消日本因查禁《民报》等革命刊物而从清政府那里获取的特殊利益。

　　对于章太炎不依不饶的种种行动，日本政府很头痛，因为按照日本的法律、法令及内务省原先的审查结果，《民报》毕竟没有什么问题。据说日本政府希望拿出一笔钱，满足章太炎想到印度出家当和尚的愿望。章太炎过去确实曾有这样的念头，但在如此背景下，他当然不屑于接受日本人的这种资助。

软硬兼施打消不了章太炎的反抗情绪和意志，章太炎终于和日本政府在东京地方法院打开了一场官司。11月26日，日本方面以清国革命一旦爆发，日本人起而仿效，那就必定要导致严重后果为由，要求东京地方法院判处《民报》为犯罪。章太炎的律师为《民报》做了无罪辩护，强调清国革命是否真的对日本有害，这是一个政治或外交问题。而法庭讨论的只是法律问题，所以控方的指控根本不能成立。

章太炎也在自我辩护中指出，扰乱治安必须要有证据，我们《民报》如果有手枪，如果藏有刺客，或许可以认为《民报》有扰乱治安的嫌疑，而这些东西在《民报》都没有，《民报》所有，不过是一笔一墨，几句文字，如何能在日本扰乱治安？

至于说到革命，章太炎在自我辩护中强调，《民报》所说的革命，只是针对清国内部情形发言，从来没有说要革日本政府的命。《民报》所有的文字言论，即便能够鼓动人，煽惑人，煽惑的也只是中国人，而非煽惑日本人；鼓动的也只是中国人，而非鼓动日本人，这怎么就危害了日本的秩序呢？而且，言论自由、出版自由，是一切文明国家最起码的政治原则，你们日本号称是近代文明国家，怎么就这样自食其言、以言治罪了呢？《民报》言革命，是因为中国从来不讳言革命，汤武革命，应天顺人，这是中国圣贤代代相传的至理名言，怎么到日本就成了罪状呢？中国的法律造反有罪，革命无罪，在中国文明史上从来没有因革命而判处有罪的，你们日本号称文明国家，怎么就这样不能自圆其说、维护正义呢？

章太炎的咄咄逼人使裁判长哑口无言，裁判长尽管无法辩驳，但照样于12月12日判处《民报》禁止发行，并判处对章太炎罚款115元。政治、外交的压力还是使日本政府屈从了清政府的要求，《民报》也就结束了自己的历史使命。

四、内讧与革命低潮

《民报》被查封是中国革命史上的重大事件，这个事件的意义在过去一直被认为是革命形势的高涨，引起了日本政府的反对。这其实是不确切的。日本对中国的革命从来没有坚决反对过，一直与中国的革命者保持或多或少的联系。查封《民报》的主要原因，还是要从清政府方面去寻找，当清政府踏上君主立宪的道路，向东西洋各国靠拢后，东西洋各国对清政府的态度就发生了转变，于是对反对清政府的革命党，也就不如过去那样宽容了。特别是日本政府当时想从清政府处获取更多利益，所以就接受了唐绍仪的请求，下令查封了《民报》和其他反对清政府的革命刊物。

鉴于日本政府态度的变化，章太炎、黄兴、宋教仁等认为《民报》既然被查封了，在日本复刊继续出版的希望肯定是不大了，要想让《民报》继续发挥作用，只有将《民报》转移至美国或其他地方才有可能。所以，对于法院判决的罚款，章太炎拒绝缴纳。而日本政府也不依不饶，竟于1909年3月13日动用警察拘留了章太炎，要让他以劳役抵偿这笔罚金。最后还是章太炎的学生想办法，凑了一笔钱，代交罚款，将章太炎保释了出来。

要将《民报》迁往美国或其他地方出版，就需要一笔资金。而大约在一年前的1907年初，孙中山就因清政府施压，被日本政府礼送出境。日本政府为此提供了7000元资助，在章太炎参加的欢送宴会上，日本商人铃木九五郎赠送了10000元。因经费拮据，急需资金发动南方武装起义，且日本政府并未附加政治条件，因此孙中山接受了两笔赠款，并从这些费用中提取2000元作为《民报》的经费，余款怎样使用，孙中山因离日南下未来得及向各位同志进行解释。

因为不了解情况，章太炎认为，"日本商人的这 10000 元是对《民报》的资助，孙中山只给 2000 元不合适"。当孙中山带着胡汉民等同盟会干部离开日本后，这件事在留在日本的同盟会成员中引起激烈争论。一部分人弄清日本政府提供的资助后，没了解情况就认为孙中山被日本政府所收买，有损于同盟会的威望，张继破口大骂，声称在革命之前必先革革命党的命；刘师培建议同盟会罢免孙中山的总理职务。章太炎将《民报》社悬挂的孙中山画像撕了下来，批上"卖《民报》支孙文应即撤去"等字样，并将这些东西寄往香港，在同盟会成员中广为传播。

　　孙中山等离日南下，拿这些费用去策划潮州、惠州起义，只是这些起义均以失败而告终。起义的失败无疑又在同盟会的油锅里撒了一把盐，立即炸锅。反对孙中山的人越来越多，他们主张同盟会东京本部立即开会，罢免孙中山，改选黄兴为总理。刘揆一甚至到处写信，建议各位劝劝孙中山主动引咎辞职。

　　在这次"倒孙"事件中，章太炎无疑是最重要的参与者，他之所以积极，是因为《民报》当时确实遇到了经济上的困难。据与闻其事的吴玉章说，章太炎和《民报》工作人员已经到了无米下锅的程度，还是他将四川

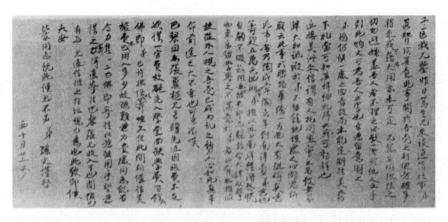

1909 年 10 月，孙中山为陶成章借同盟会名义进行诋毁等事，致王子匡函。

留学生捐的一点儿钱交给章太炎暂渡难关。

　　章太炎的困境和孙中山武装暴动屡屡失败，其实都是革命陷入低潮的反应。孙中山之所以在边境发动武装起义，就是要利用这种办法为革命注入一针兴奋剂。因为自从清政府踏上预备立宪政治道路后，许多原先倾向于革命的人，都渐渐成为立宪运动的追随者，眼见得立宪即将变成现实，只有像孙中山这样一批人依然继续坚持反对清政府。只有从这个层面去理解，才能弄明白同盟会内部此时所发生的冲突和外部困境。

　　同盟会的内部矛盾有章太炎孤傲的原因，有其不了解真相的原因，也有另一原因，就是孙中山周围一些人不太尊重章太炎所造成的。《民报》被查封，章太炎动议也经黄兴等人同意将《民报》转移至美国或其他地方出版，只是因为经费问题一直没有实现，而在这个最吃紧的时刻，竟突然有新的《民报》出版，而且是汪精卫和胡汉民主编和秘密印刷的。

　　如果仅仅从扩大革命党人宣传来说，《民报》能够在被查封后继续出版是一件好事，问题是汪精卫、胡汉民等人在重新出版《民报》时完全无视章太炎的存在，章太炎作为《民报》的法定编辑人兼发行人毫不知情，所以章太炎在得知这个消息后不禁勃然大怒，立即向外界澄清这是一份假《民报》、伪《民报》，并在报纸上发表《伪〈民报〉检举状》，将同盟会的内部矛盾完全向各界袒露。

　　章太炎在这篇检举状中的指责，其中有许多道听途说不实之词，甚至存有相当浓厚的偏见。但他所描绘的自身经历和《民报》处境应该大体不差，值得注意。章太炎说，"东京本为瘠苦之区，上万留学生在这里仅仅能够解决自己的衣食，很难有余力帮助《民报》。特别是在国内政治发生变化后，《民报》不能输入内地，销量减半，印刷费、伙食费都成了问题。特别是当我章炳麟接手社长时，我个人正卧病几十天，入社则公私涂炭，粮草已绝，人迹不存。猥以绵力薄才，维持残局。朝写文章，暮筹经费，还要酬对外宾，应付警察，心力告瘁，寝食都忘。屡以函致信南洋，请求提供帮助，或派员前来视察处理，……或言他们自己也没有办法，快到了无法维持的地步了。有时也以虚语羁縻，表示当挟五六千金来日本相助，至期则又饰以他语。先后说寄，也不过三百银圆而已。"

很显然，章太炎的所有不满，都是基于《民报》的经费困难。只是他当时绝对不明白的是，先前风风火火的革命党，怎么会在这个时候都陷入了困境呢？《民报》在东京筹资困难，以同盟会的名义在全世界筹款，过去总说那么容易，现在怎么不帮助《民报》呢？章太炎不知道，革命陷入了低谷。

章太炎的攻击无疑加大了同盟会的内部分裂，给同盟会及革命党人造成了一定的影响。而且，由于革命处于低潮，前途无望，一些党人随着清政府君主立宪运动的开展，渐渐开始又对清政府抱有希望，所以，此时也就有孙黄派的人物说章太炎也通过某些特殊渠道向清廷靠拢，接受清廷资助，晚节不保，所以才有了那些丧心病狂之举。

孙黄派的这些说法，在过去很难理解，以为这就是革命党内部的派系之争，是孙黄派对章太炎和他所代表的光复会等派系的排斥。这种辩护当然是对章太炎等人的爱护，但并没有说到点子上。换言之，这种辩护没有回答章太炎、刘师培等究竟与清政府是一种什么样的关系。

实事求是地说，当清廷踏上预备立宪政治变革道路时，对于流亡海外的改良主义、革命党人并没有一直视其为敌对力量，而是采取柔性政策，尽量将这些先前的异己力量拉回来，所以那些改良主义除了康有为、梁启超等少数几个因1898年政治大逆转中的许多责任还没有办法赦免外，相当一批改良主义者其实都加入了清政府主导的君主立宪政治运动。

至于革命党人，也有许多人接受了清政府的招安。因为过去10年革命过程中，他们参加革命，最主要的不是像孙中山那样坚定地认为清廷不足以立宪、无法带领中国走上现代化道路，而是清廷的迟迟不觉悟使他们失望，所以在那个时代参加了革命，成为革命党人。现在清廷觉悟了，进行政治变革了，那么，还有什么必要一定坚持与其对抗，继续成为反对派呢？于是，随着清廷柔性招抚，革命党人中革命意志并非坚定如孙、黄的刘师培等人，都或多或少与清廷中具有变革思想的政治人物诸如端方建立了联系，或许也确实接受了端方的一些资助。由于章太炎与刘师培有着非常特殊的关系，章太炎与端方建立了间接的关系也不是不可能，但是一定要说刘师培、章太炎等接受端方委派，在革命党人内部从事间谍活动、充当"满洲鹰犬"、出卖革命、成为革命党的叛徒，则可能言过其实、捕风捉影。

当革命处于低潮时，或当清政府主导的预备立宪顺利进行时，章太炎的思想在变化应该是事实。他在这之前是有强烈的"排满"情绪，根据刘师培写给端方的一封信透露，章太炎在主编《民报》时曾经考虑改变办刊宗旨，以消弭先前太过强烈的"种族革命"，所以章太炎在《民报》发表的文章，或言佛理，或考古制，很少甚至可以说没有一篇言及"排满"革命。及至与孙中山发生矛盾，章太炎对革命、对"排满"、对党人似乎真的很厌倦了，所以有前往印度出家为僧、兼求中土未译之经的规划。只是碍于经费困难，这个规划没有办法实行，日本政府在《民报》查封后，曾通过相关渠道表示可以资助，但章太炎正在与日本人抗争，当然不会接受。刘师培询问端方，能否赦其既往之衍，开以自新之路，为章太炎提供一些经费，按月支给，则国学得一保存之人，而革命党中亦失一续学工文之士。

如果我们不带偏见，而又能充分体会当时革命党人的分裂情形及经济困难的状况，应该承认刘师培的说法是真的，章太炎的想法也是真的，并没有什么不可示人的丑事。

五、有学问的革命家

章太炎要到印度出家为僧的想法不必怀疑，他愿意接受端方的资助大约也不必怀疑，然而过了不久，由于非常私人的原因，章太炎与刘师培夫妇闹僵了，去印度当和尚的想法虽说没有借此终结，但至少暂时无法落实了。

与革命党内的主流派闹僵了，与刘师培夫妇闹僵了，章太炎一时间几乎成了孤家寡人。能够和他来往的，除了那些弟子听他侃侃大山、谈谈学问外，主要就是革命党中非主流系，即原来的光复会的人了。

光复会原本是王嘉伟、蒋尊簋、陶成章、魏兰、龚宝铨等人于1903年在东京成立的革命组织。第二年，又由陶成章、魏兰等回上海与蔡元培协商，以龚宝铨组织的军国民教育会暗杀团为基础进行重组，蔡元培任会长。其宗旨为"光复汉族，还我河山，以身许国，功成身退"。当时，章太炎正被租界巡捕房拘押，蔡元培等人多次到狱中探望，并就许多事务与章太炎协商，因此，虽然章太炎被羁押在狱中，但确是光复会最早的发起人和领导者之一。

从光复会的宗旨看，与1905年在东京成立的同盟会"驱逐鞑虏，恢复中华"非常相似，皆以"种族革命"为主要任务，所以当同盟会成立时，许多光复会成员都自然加入了同盟会。也正是由于这个原因，章太炎出狱时，孙中山派遣代表到上海迎接，委派章太炎出任《民报》编辑人兼发行人。

然而，由于经济等方面的原因，章太炎与孙中山等同盟会主流派的蜜月时间并不长，到了《民报》被查封，他们之间的矛盾愈加激烈。在这种情形下，原本就没有以一个组织整体加入同盟会的光复会，其单独活动就有加强的趋势。陶成章在南洋一带华侨中募集捐款，严重影响了在那里募捐的孙中山，孙中山将陶成章带去的股票扣了下来。于是，光复会与同盟会之间的矛盾越积越深。1908年8月，光复会南部执行委员李燮和等向同盟会东京总部提交了一份议案，宣布孙中山在南洋一带的所谓"罪状"，要求同盟会罢免孙中山的总理职务。这实际上使原本已经相当紧张的两会关系更加紧张。

章太炎、陶成章、李燮和等光复会领导人此时没有认清大局，有点意气用事，他们不知道革命队伍的这些困难主要来源于清政府的预备立宪在加速进行，而革命陷入了低潮。

1909年11月，同盟会的主流派在新加坡等地发表回应章太炎的声明，提出了五点：

一是章太炎与梁启超同办《时务报》以来，与保皇党的关系就未尝中断过。当《民报》与《新民丛报》笔战时，章太炎因为与梁启超有着非同

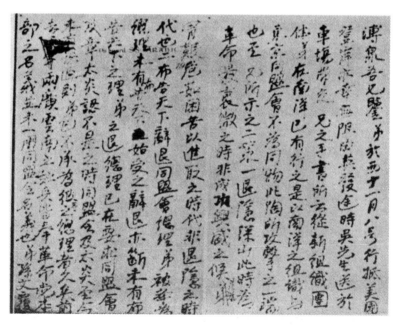

1909年11月，孙中山拒绝"辞退同盟会总理"职务要求，复张继（溥泉）函。

寻常的关系，未曾为《民报》写一文助一力。

二是章太炎利用编辑人的身份，以其一知半解、枯燥无味的佛学论，占据了《民报》的大部分版面，简直是将《民报》作为其私有的佛学机关报。

三是章太炎创设无神论，以排斥耶稣之道，以致内外同志多疑《民报》为排斥耶稣的机关报，蛊惑人心，莫此为甚。

四是章太炎以个人私怨，借《民报》为攻城工具，将《新世纪》视为论战对手，伤害同志感情，徒贻外人笑柄。

五是《民报》自出版以来，日本政府绝不干涉，直至章太炎在《民报》昌言恢复朝鲜等主张，又鼓吹暗杀，这就严重"刺激"了日本人的感情，导致日本政府下令查封《民报》。假如章太炎接手《民报》后萧规曹随，坚守其接手前的既定方针，那么《民报》恐怕就不会遭此毒手，恐怕至今都还应该存在。

光复会于民国元年在《神州日报》上
征集史料的广告

现在看来这五条都没有多少道理，革命党人的回应不能不使已经伤心的章太炎等人更加伤心，这也就迫使光复会的重建步伐加快。1910年2月，重建后的光复会委任章太炎为会长，陶成章为副会长，李燮和担任南洋执行委员，代总部行事。和同盟会一样，光复会也加强了在国内的活动，主要活动区域在江浙及广东一带。

以章太炎为重建后的光复会会长，显然是不合适的。因为章太炎也好，蔡元培也罢，他们的兴奋点都在学术、在教育，革命是心中的向往，但行动却是弱项。这在光复会重建之初，陶成章就有所觉察，但他出于对全局及未来的考量，认为不应过早扩张光复会，而是由章太炎在教育、文化方面多做些工作，以教育为契机和手段，尽可能在年轻一代读书人中物色成员，扩大组织。待光复会有了一定程度的扩大后，可将章太炎改任教育会会长，然后再选出具有行动力、执行力的人担任光复会会长，这就比较合适，也比较合情。

确实，章太炎的兴趣不在行动，而在著述和讲学。不论在主编《民报》最紧张的日子，还是《民报》被查封之后相对清闲的时间，章太炎都对著述和讲学充满了无限的兴趣。1906年秋，也就是他流亡日本的第一年，他就组织发起了"国学讲习会"，吸纳一批在日本留学的青年学生为弟子，先后有黄侃、钱玄同、吴承仕、朱希祖、沈兼士、朱宗莱，以及后来更名为鲁迅的周豫才（周树人）和周作人、许寿裳、龚宝铨、任鸿隽等。这批弟子后来都在不同领域作出相当贡献，是现代中国学术的开创者和传统中国学术的终结者，是新旧文化连接的桥梁和纽带。而这其中起引导和启迪作用的当然是他们的老师章太炎。

到了1909年，《民报》被查封了，章太炎的时间更多了，他困居东京，一面著书立说，一面更加勤勉地讲学，培养弟子。他们还创办了一个《教育今语杂识》，尝试着使用白话去表达学术，这对后来的新文化运动，特别是白话国语运动应该起到直接的启迪作用。竭力支持胡适白话文尝试的钱玄同,不仅是章太炎的忠实弟子,而且是《教育今语杂识》的重要编辑人,他的白话文与乃师的白话文几乎无法分辨,因而在后来编辑出版《章太炎的白话文》时,就发生了他们师徒二人的著作权纠纷。

在日本流亡的日子里,章太炎参加了"排满"革命,成为著名革命家,而且是最有学问的革命家,这是那些职业革命家无论如何也无法企及的。

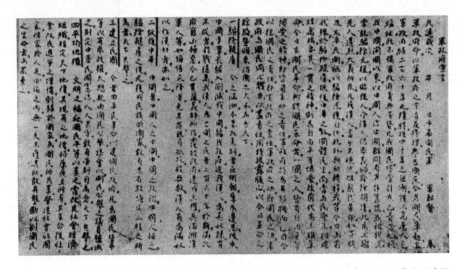

1906年,孙中山会同黄兴、章太炎等制订同盟会《革命方略》。这是《革命方略》中的《军政府宣言》。

第六章

民国元勋

与孙中山等所有政治流亡者一样，当清政府主导的政治变革有序进行时，这些激烈的反政府的人既无法回归体制，从体制内参与，也没有办法掀起革命的新高潮，他们等待着时局变化，等待着革命的新的机会。

一、民国元勋

　　清政府主导的政治变革，应该说到了 1911 年都在比较顺利地进行着，多少年的宪政追求终于有了一个结果。按照宪政编查馆奉旨编制的政治日程表，清廷于 1911 年 5 月 8 日公布了内阁官制和内阁办事暂行章程两个重要文件，标志着宪政改革进入了实质性的阶段。

　　然而在同一天公布的第一届内阁组成名单却出了大问题，从总理大臣至各部大臣总计十三个大臣中，皇族出身的竟然占有七名，一半以上；汉族出身的只有四人，不到三分之一，这就是后来所说的所谓皇族内阁。这个内阁使许多人大跌眼镜，使那些原本想通过政治改革分享部分政治权利的立宪党人深感失望。

当时革命派报纸登载的揭露皇族内阁真相的漫画。

清廷的失误并没有就此结束。就在皇族内阁名单出台的第二天，内阁副署了全国铁路实行国有的诏令，这就从经济上剥夺了非国有资本对铁路的经营权利，这对刚刚兴起的民族资本来说，无疑是沉重的一击。5月14日，湖南各界首先发难，要求清政府收回成命，维护商民的基本权益，坚持湘省铁路由湘人自主修建。

　　对于湖南人的要求，清廷拒绝考虑。于是湖南、湖北、广东、四川等地很快发动了规模宏大的保路运动，终于为清廷敲响了丧钟。

　　10月10日，湖北新军在武昌发动起义。消息传到日本，章太炎正在与弟子一起上课，弦歌之音不辍，或许是因为他对国内政治发展速度之快有些不尽了解，在看到这个消息时他不敢轻易相信。几个月前的黄花岗起义也是轰轰烈烈，最后也以失败告终，谁知道武昌起义会是什么样的结果呢？

　　即便在武昌起义的消息被确认后，章太炎也没有想到回国。他只是随着事态发展，对留学日本的满洲学生发出警告，因为这些满洲学生鉴于国

辛亥革命前的武昌城。1911年10月10日（辛亥年八月十九日），震惊中外的武昌起义在这里爆发。

1912 年 1 月 1 日在南京就任中华民国临时大总统的孙中山

内形势的危机，请求日本政府出兵帮助清政府镇压湖北新军，这当然使章太炎怒不可遏。章太炎警告这些满洲学生，所谓"民族革命"，只是恢复中华主权，不让他人攘夺而已，并不会像满洲人当年入关那样，大肆屠杀，将满洲人斩尽杀绝，所以满洲人在这个时候不要恐慌，更不能丧失理智向日本借兵，因为说到底，经过两百年的交流融合，满洲人其实也是中国人的一部分，南方的共和政府果真建立，新中国境内的满、汉、蒙古等族一定会重建一个平等的新型关系。应该说，章太炎的这个解释是有道理的，在一定程度上缓解了满洲学生的心理压力。

半个月过去了，湖南、江西相继光复了，章太炎觉得这一次武昌起义的结果可能会与先前的那些起义不一样，因此章太炎准备结束在日本的讲学，返回国内，直接投身于政治活动中去。

11 月 3 日，上海光复。三天后，沪军都督府成立。章太炎获悉这些消息后，急不可耐赶了回来，11 月 15 日抵达上海。上海各界对章太炎的到来给予热情欢迎，盛赞他是近代中国的大文豪，也是一个大革命家，是新中国的卢梭。

回到上海时，国内的形势正在突飞猛进地变化着，短短一个月的时间，相继宣布脱离清政府而独立的省份就有湖北、湖南、江西、山西、云南、上海、贵州、浙江、江苏、广西、安徽、福建、广东和山东等，清政府已经四面楚歌，摇摇欲坠。

光复会自从重建后，与同盟会虽然有合作，但更多的时候是有抗争、有冲突。上海是南方最大的政治中心，其影响远比武昌要大得多。然而上海光复后却建立了两个军政府，一个是以同盟会成员陈其美为首的沪军都督府，一个是以中华民国光复军总司令李燮和为首的吴淞军政分府，两家分庭抗礼，互不相让。

李燮和与章太炎同属光复会，两人关系也非常密切，所以章太炎回到上海后，立即入住李燮和的吴淞军政分府，成为李燮和的高级顾问。但在当时特殊背景下，章太炎似乎并没有介意光复会与同盟会曾经的关系，对陈其美也没有视为对手或敌人，他劝李燮和去掉都督称号，希望两家携手，希望正在归国途中的孙中山早日抵达，以便协商北伐克复南京，占领长江中下游地区，稳定东南，以定大局，以解民困。

早在《民报》时期，章太炎就对革命后的政治架构做过许多设想。现在革命即将成功，章太炎对于未来政治架构在曾经的设想基础上又有了许多新的发展，并及时将这些想法公诸报端，深刻地影响了后来的政治发展。

在中央政府政治层面上，章太炎主张，承认武昌首义的价值和意义，承认武昌临时政府，但表示武昌临时政府的首领只当称元帅，不应称大总统。因为大总统应该经过民选，而不能自封，在目前北方尚未光复的条件下，全国范围民选大总统还不可能。即便全国范围的民选不能实现，也应该由新的国会或议院进行选举，以强调权力来源的合法性、正当性。

在过渡时期，章太炎主张以元帅、副元帅的方式进行变通。具体的人选，他主张有首义之功的黎元洪可以出任元帅,黄兴可以出任副元帅,由他们组成一个过渡政府,稳定大局,并为未来的正式选举作准备。未来的中央政府结构,应该是真正意义上的共和体制,议会政治,责任政府。

至于未来政府人选,章太炎也有自己的考虑,他认为大总统或可在黎元洪、袁世凯两人中间选出,这也是孙中山一再表示的意思。至于孙中山,章太炎根据自己的了解,认为孙中山长于议论,此盖元老之才,不应屈之以任事。

至于内阁总理人选,章太炎虽然对宋教仁不完全满意,但仍然认为,在当时情形下宋教仁是比较理想的人选:略读政书,粗有方略,智略有余,且小心谨慎,能知政事,识大体。

对于第一届内阁成员,章太炎也有自己的考虑。他认为如果宋教仁为总理,那么,邮传部可以交给汤寿潜,学部可以交给蔡元培,财政交给张謇,外交交给伍廷芳,法部不妨仍交给沈家本。从这个大名单看,章太炎的推荐超越了党派,甚至超越了新朝与旧朝。

章太炎不仅在精心构思着未来中国政治发展蓝图,而且对政治发展本

担任湖北军政府都督的黎元洪

身也投入相当大的兴致和努力。在章太炎抵达上海的当天（11 月 15 日），光复各省都督府代表会议在上海江苏教育会召开，会议公认湖北军政府为民国中央政府，以鄂军都督执行中央政务。这个决定无疑意味着，在新的中央政府没有成立时，临时的中央政府设在武昌，实际上就是承认黎元洪的军政府为临时政府。

针对这种情形，11 月 24 日章太炎在国民自治会发表演说，认同各省都督府代表会议的决定，建议就以武昌为中央政府。12 月 1 日，他又建议当务之急既要出师北伐，又要派兵援鄂。前者是积极的进攻，后者是积极的巩固后方，为重建统一准备条件。

章太炎主张将中央政府设在武昌并不是临时起意，而是他的一个重要主张。他认为，从目前局势看，建都武昌，必然促动革命党人出兵援鄂，有助于巩固武昌首义的成果。如果现在就宣布建都南京，那么援鄂之心必然懈怠，武昌必然很快失守。武昌失守，清军顺流而下，南京、上海等长江中下游还不是很容易得而复失吗？

担任南京临时政府陆军总长的黄兴

然而当章太炎的这个建议在 12 月 2 日与革命党领袖集会讨论时，却遭到了各方面的反对。黄兴主张建都南京，宋教仁不愿表态，与会的程德全、汤寿潜没有发言。

　　在建都问题上，章太炎认为黄兴坚持建都南京，是私心作祟。按照章太炎的说法，黄兴在武昌已经接受黎元洪的委任，就任汉阳总司令，但当南京光复后，黄兴竟然接受大元帅的拥戴，以黎元洪的部将转而成为主帅，且先前以推武昌为中央，现在却改南京为中央。章太炎认为这样做很不妥，这不仅不利于武昌方面坚守抵抗，与北方抗争，而且势必开革命党在未来政治中争权夺利的先河。

二、在政争旋涡中

　　辛亥革命发生前夕，章太炎在海外发表一篇政治论文《诛政党》，以为朋党之兴，必在季世。这些朋党既是社会崩溃的原因，也是社会崩溃的结果。这些最让天下人瞧不起的朋党，只不过是一群追逐利禄的奸人。依据这种判断，章太炎认为，现代中国并没有西方意义上的政党，说白了，其实只是一群为谋生不惜编造谎言的政客而已。这些所谓政党，非妄则夸，名不副实。不管他们有多大影响，其实是各有各的问题，距西方意义上的政党还相差十万八千里。

　　有了这样的认识，当辛亥革命爆发，章太炎返国以后，他当然不太愿意认同政党政治，认为"当时不论哪一个党，甚至包括同盟会的革命党，也可能存在着腐败、潜伏着危机，党员步调不齐，革命初成时已渐暴露，指望这些政党去解决中国问题、重构中国未来，显然是不可能的"。所以，当正在武昌起义前线的黄兴向他询问如何构建中国政治未来时，当各省都督府代表大会议长谭人凤向他请教新政府的基本构架和原则时，章太炎毫不犹豫地强调："革命军起，革命党消；天下为公，乃克有济。"

"革命军起，革命党消"，这个口号在武昌起义爆发后，中华民国临时政府成立之前起到了非常大的作用，这实际上是对革命党人的不信任、不认同，所以这个口号受到孙中山和革命党人的普遍抵制和批判。孙中山此后的岁月中，数次提到这个口号，没有一次给予正面的肯定，甚至认为这个口号是对革命事业的破坏，是对那些老官僚、老政客的认同。

当时的政治情形或许真的像孙中山所形容的那样，一般官僚在革命之前为清政府出力，以残杀革命党人为能事；在革命军兴起之后，为大势所趋，起而赞成革命，领导光复。但是这批老官僚对革命党的情形也比较了解，清楚知道革命党人真的掌控政权之后，他们这些人并不一定能够得到好处，所以当章太炎"革命军起，革命党消"的口号提出后，这批老官僚无不拍手称快，以为章太炎说到他们心坎上了。

从老官僚、立宪党人的立场看，孙中山的这些猜疑是对的，但从章太炎提出这个口号的客观诉求来说，大约还不是这个意思。章太炎或许意识到政治的专业化和专门化，认识到革命党人只不过是一个革命的政党，而不是执政的政党。中国政治的特殊性需要专业的政治团队和政治人物，所以当革命军兴起的时候，革命党人的使命也就完成了，这其实也是光复会当年的宗旨，"光复汉族，还我河山，以身许国，功成身退"。

章太炎期望未来中国建立专业的执政团队，所以他在宋教仁要求提供"影子内阁"人选时，章太炎根本不去考虑各党派的平衡，而是主张超越党派，组织跨党派或者说根本不计其政治身份和政治立场的专业团体，在章太炎推荐的名单中，不仅有来自光复会的蔡元培，而且有立宪党人汤寿潜、张謇，甚至还有清政府一直在使用的专业人才沈家本。

很显然，章太炎的这个政治主张，是其思想的逻辑发展，并没有刻意去反对同盟会，也更没有刻意去损害同盟会及革命党人的利益。

虽然在南京临时政府组建时，没有给予章太炎以更多的名分和地位。但不管怎么说，章太炎的政治理念在当时中国具有相当大的号召力。

真正看到章太炎价值的，是在辛亥年间左右中国政局走向的赵凤昌。在章太炎返国不久，赵凤昌就与章太炎建立了相当紧密的联系，在稍后发布成立的"中华民国联合会"中，章太炎就被赵凤昌、张謇这一批立宪党人推到了前台，成为与革命党人势均力敌甚至稍胜一筹的一支重要力量。

南京临时政府成立之后的第三天，即1912年1月3日下午，中华民国联合会及江苏教育会举行成立大会，与会两百余人公举章太炎为会长，程德全为副会长，唐文治、张謇、蔡元培、应德闳等19人为参议员。列名创办员的还有赵凤昌、陈三立、黄云鹏、杜士珍、汪德渊、章驾时、张通典、钟正楙、林长民、邓实、贺孝齐、景耀月、杨若堃等，皆为靠近北方袁世凯而与南方革命党人、南京临时政府比较疏远的政治名流。

在成立大会上，章太炎做了一个重要演讲，阐释中华民国联合会的成立目的和政治立场，强调这个联合会对于政府就是要立于监督补助的地位，而在演讲中指出，中国本是一个因旧之国，并不像美国那样是一个新开辟的国家。中国的良法美俗，应该保存的，都要设法保存，不能事事更张。因为中国与美国的国情绝对不同，美国为新建国家，其所设施，皆可根据一种理想进行规划，不必受制于传统。中国的国情甚至与法国也不一样，法国系一破败之国，可推翻一切，重新来过。而中国则不然，新政府的政策如果准备彻底打破旧习惯，如果准备与习惯完全相反，必不能行。

对于新政府中的大总统，章太炎也在演讲中力主限制其权力，以防"民主专制"之弊；至于行政系统，由于不是由人民选举产生的，那么就应该对议院负完全责任，不应该像美国那样极端分权。

对于三权分立的政治架构，章太炎也在这次演讲中提出补充建议，以为应该增加教育、纠察两个权力。重视教育，将教育置于五权之一，是章太炎的一贯思想，他认为这是中国历史文化的优良传统，而且教育和其他行政也不一样，不应该随着政治变化而改变宗旨，教育的基本宗旨确定后，不宜常变，而担任教授的人，由于需要专门学识，所以也不应该随着内阁进退而进退。

至于纠察院，章太炎主张其权力应该是无限的至上的，自大总统、议院，以至齐民，皆能弹劾，所以纠察院也不应该随着大总统任期或上下而随意更换。

由于中华民国联合会定位在监督政府和补充政府，所以章太炎此后相当长一段时间代表联合会发言，差不多都是对南京临时政府的政策提出批评。就在这次演讲中，章太炎对南京临时政府的内政、外交政策全面批评，提出相当多的修正意见。

章太炎对南京临时政府的内外政策持批评态度，不过这些批评并没有恶意，他只是坦诚地说出自己的看法，

担任南京临时政府交通总长的汤寿潜

也并没有刻意要求南京临时政府必须按照这些建议做。就此而言，章太炎是期待南京临时政府能够为中国未来开个好头。

在民国初年混乱动荡的日子里，章太炎的兴趣大约也就在发言上，说出不一样的建议上，所以他对实际的政治地位、政治职务应该说有一段时间是真的不感兴趣。所以当南京临时政府成立，浙江都督汤寿潜出任临时政府交通总长，汤寿潜遂提名章太炎、陶成章和陈其美三人作为浙江都督候选人、代理人。

对于汤寿潜的建议，章太炎表示感谢，但他迅即表示最适合浙江都督的是陶成章，而陈其美志在北伐，我章炳麟愿在民间做民党。章太炎的自我表白是真诚的，但他对陈其美的估计显然不准确，陈其美志在北伐或许是有的，但他同时更对浙江都督有着浓厚兴致和期待。章太炎的一语点评使陈其美的梦想化作泡影，愤怒的陈其美派人刺杀陶成章，从肉体上消灭威胁自己的政治对手。

陈其美刺杀陶成章并没有过多影响章太炎与南京临时政府之间的关系，章太炎继续以体制外的身份批评着临时政府。但在陶成章被杀后不久，孙中山诚聘章太炎为南京临时政府枢密顾问。

然而，章太炎在接到孙中山的聘请后，婉辞不就，表示自己假如真的有什么意见，仍会随时提出，仍可以尽国民之职分。

三、支持袁世凯

南京临时政府不可能长期存在下去，这一点在章太炎确实有了明确判断，他不愿接受孙中山的聘任，其根本原因或许就在这里。

章太炎不看好南京临时政府，并不是出于感情方面的原因，也不是因为他与革命党人过去的矛盾，而是因为他在当时所接触的人、所获得的信息都使他错误地确认"中国的未来和希望不是孙中山，而是袁世凯"。

袁世凯是清末民初政治舞台上最具影响力的人物，三年前因故被开缺回籍，由于那个时候正值光绪帝和慈禧太后在一天之内相继大行，又由于接替两宫主持朝政的是光绪帝的弟弟摄政王载沣，特别是因为1898年政治逆转时告密不告密的传闻一直纷纷扬扬，袁世凯在故里隐居的三年中一直带有相当神秘的色彩，谁也搞不懂这个正值盛年的老政治家在下野的日子里在想着什么。

悠闲的退隐生活肯定没有阻止住袁世凯的思考，政治上的敏感性使他对朝廷中所发生的一切事情都了如指掌。所以当武昌起义爆发后，袁世凯的判断和抉择一环扣一环，在后人看来简直就是设计得天衣无缝，滴水不漏。

10月14日，朝廷紧急征调赋闲休养的袁世凯出任湖广总督，节制该省军队及各路援军。袁世凯在几度请辞后还是接受了朝廷的征调。21日，袁世凯开始调兵布将，至10月下旬，冯国璋的第一军和段祺

清末民初政治舞台上最具影响力的人物袁世凯

瑞的第二军都相继抵达武昌前线，与黎元洪、黄兴统领的武昌义军隔江相望。如果袁世凯此时痛下决心，清军完全有可能踏平武昌三镇，恢复元气。

问题在于，武昌起义爆发后不过一个星期，列强就宣布民军为交战团，各国严守中立。这个严守中立实际上将清政府推到一个非常尴尬的境地，原本可以作为"叛军""会匪"进行"剿灭"的，现在已经不能像过去那样为所欲为。而且，由于列强的态度发生如此变化，实际上又鼓励了各省仿效武昌起义，相继宣布独立，宣布光复。

袁世凯大军压境，但已经不再是简单的平定暴乱了，同时由于武昌和相继独立的各省对清廷都有一个基本的政治期待，就是加快先前已经答应而迟迟没有兑现的政治改革，而这一点大约也是袁世凯和北洋诸将领的真诚期待，所以他对南方各省义军也就抱有一分同情，大约也就是后来人所说，袁世凯有拿南方去压清廷的意思了。

适度的压力确实对清廷有很大触动。10月30日，朝廷以皇帝的名义下诏罪己，宣布开放党禁，宣布将宪法条文提交资政院讨论；稍后，清廷解散皇族内阁，宣布任命袁世凯为内阁总理大臣，重组政府。11月3日，清廷颁布《宪法十九信条》，理论上实现了先前数年想实现而不曾实现的君主立宪制。应该说，清廷对武昌起义及各省压力作出了积极回应，在政治改革上迈出了重要一步。

然而，一切似乎都晚了，清廷的让步并没有赢得各省同情，各省独立就像野火一样迅速蔓延。11月9日，黎元洪通电独立各省派代表前往武昌筹组临时政府，这实际上是与清廷分庭抗礼，南北对峙局面大致形成。

同一天，南方战时总司令黄兴致函袁世凯，衷心期待袁世凯能够顺应民情、顺应大局，以拿破仑、华盛顿之资格，建拿破仑、华盛顿之事功，直捣黄龙，南北各省必定拱手听命。

南北对峙的局面已经形成了，对袁世凯和清政府来说，硬打当然也是一条出路，但风险大，胜算少，于是南北和谈成为唯一选择。

强势或得势的南方在谈判底线上丝毫不让，早已不再满足君主立宪的政治主张，以为国体不必讨论不可讨论，必须实行民主共和，可谈判的条件只有一个，就是你袁世凯如果反正，可望被举为大总统。在此前后，黎元洪和尚在国外的孙中山也都认为袁世凯是合适的大总统人选。

"非袁莫属"成为各方基本共识，按照这个共识，南北双方进行了艰难谈判，障碍主要还在政体究竟如何确认，北方坚持无论如何应该召集一次临时国会，就国体实行共和还是实行君主立宪，举行公决。

北方的犹豫彷徨使南方各省很不耐烦，为了促动北方早作决定，不要对君主立宪再存幻想，各省都督府代表会议在同盟会的主导下，于12月26日决定成立临时政府，选举刚刚回国的孙中山为临时大总统，以此刺激

参加选举大总统会议的各省代表合影

袁世凯尽快逼退清廷，结束国体争论，实行民主共和，孙中山答应一旦清帝宣布退位即辞职，虚位以待袁世凯。

章太炎并没有参加同盟会决定成立临时政府的会议，但他是各省都督府代表会议代表。不过，章太炎认为，都督府代表不系国民，不当有选举临时大总统的权利，因此力辞代表，应该并没有出席 12 月 26 日的选举会。

而且，章太炎还认为，当此天寒地冻之际，南方军队确实很难北伐，很难用武力迫使清廷屈服。在此情形下，与北方议和，通过谈判达到推翻清廷的政治目的，当然也是可以的。只是章太炎始终坚持他过去曾与孙中山达成的共识，本以破坏相期，不敢以建树相许。换言之，推翻清廷是他们那一代人的使命，功成身退，也是一个必然选择。所以章太炎并不赞成临时政府还要选举什么临时大总统，而是主张推举一个大元帅就够了，至于大总统，应该虚位以待北方之英。

有章太炎同样想法的在南方也为数不少。但孙中山和他周围的一些人并不这样想。孙中山认为，要选举，就选举大总统，不必选大元帅。因为大元帅的名称，在外国并不是国家元首，没有办法以大元帅的名义办外交。至于各方代表要求将大总统一职暂时留给袁世凯，孙中山的答复是，只要他袁世凯真心拥护共和，我就让他。

其实，章太炎此时已通过赵凤昌、张謇等各方面关系和袁世凯建立了联系，而且他像当时许多政治家名流一样，发自内心认为就是一个"非袁莫属"。所以在稍后的建都之争中，章太炎固执地站在孙中山和临时政府对立面，认为从战略格局，从文化背景看，北京都是唯一选择。

章太炎的思想倾向是当时国内知识界一个具有共性的主张。清帝退位，重建统一后，究竟应该建立一个什么样的中央政权，是一个弱势的松散的联盟，还是一个强有力的中央政权呢？鉴于俄国正在策动蒙古独立，日本正在加强在东北地区的活动，几乎所有负责任的政党、个人都主张加强中央集权，建立一个强有力的中央政府。这是章太炎此时政治构想的大前提。

坐而言起而行，是章太炎的人生特色。当他意识到袁世凯是中国的未来和希望时，他便理所当然地觉得自己有责任去帮助他、支持他。1912年3月1日，章太炎以中华民国联合会会长的身份发布一个通告，宣布与预备立宪公会合并组建统一党，宗旨为统一全国建设，强固中央政府，促进完美共和政治。第二天，召开改党会议，章太炎的主题演讲强调统一党不取急躁，不重保守，唯以稳健为第一要义。他在稍后发布的《统一党宣言书》，更强调本党集革命、宪政、中立诸党而成，无故无新，惟善是与。只求主义不涉危险，立论不近偏枯，行事不趋狂暴，在官不闻贪佞。

在统一党成立会议上，经投票选举章太炎、程德全、张謇、熊希龄、宋教仁五人为理事；汤寿潜、赵凤昌、唐文治、陈荣昌、邓实、应德闳、王清穆、叶景葵、庄蕴宽、蒋尊簋、唐绍仪、汤化龙、温宗尧十三人为参事；黄云鹏、林长民、孟森、章驾时等为干事。从人事构成看，统一党显然是接近于袁世凯的"总统党"，是袁世凯手中可以凭借的重要力量。

同盟会将政权移交给袁世凯的时候，制定了一个可以约束袁世凯权力的《临时约法》，其中改变政府体制，由孙中山时的总统制改变为袁世凯时的内阁副署制。

章太炎和统一党站在袁世凯方面，对于同盟会的这些约束制度，认为没有必要，所以章太炎在他主编的《大共和日报》上一再发表否认《临时约法》的文章。

四、东三省筹边使

既然决定支持袁世凯，章太炎对袁世凯就显得格外热情，他在民国初建的那些日子里，殚精竭虑为袁世凯出谋划策，提供了一个又一个建议。

对于章太炎的拥戴和建议，袁世凯感激不尽，投桃报李，袁世凯于4月9日聘请章太炎为总统府高等顾问。此后，章太炎一度站在大总统袁世凯一边，成为民初政争中最拉风的一个重要人物。

章太炎的政治背景是统一党，他在1912年4月底前往北京也是以统一党党魁的身份进行活动。然而，那时统一党的大本营还在上海，章太炎北上后的实际主持人为张謇。张謇在章太炎离开后，将统一党和黎元洪的民社、范源濂的国民协进会、陈敬第的民国公会以及国民党同志会等拉在一起，重组共和党。

这五个政党进行合并的事情，在章太炎北上前就有议论。章太炎的基本意思是不能更改统一党的名称，不设理事长，因为除了黎元洪的民社外，其他几个小党都不能算是独立的政党，与统一党比起来根本不在一个重量级。

章太炎的告诫并没有引起张謇的重视，或者说张謇有自己的考虑。在章太炎离开上海后，张謇很快与其他几个政党负责人达成合并重组的意向，几个政党不论人数多少，各出四人为基本干事，共同筹组新的政党共和党。5月9日，共和党成立大会在张园举行，选举黎元洪为理事长，张謇、章太炎、伍廷芳、那彦图为理事，林长民、汤化龙等为干事。

对于张謇的做法和共和党的成立，身在北京的章太炎坚决反对，强调统一党总部已移至北京，张謇无权代表统一党决定，他个人也拒绝担任共和党理事。稍后，他又提出一个变通方案，要求共和党理事长如不能常驻党部，那么其余四名理事中需举一人常驻，并对党务负全责。然而这些要求统统被拒绝，这就迫使章太炎在北京发表一个声明，强调统一党将不与其他政团合并，宣布他章炳麟是统一党的党魁，依然坚守独立自主的原则。

章太炎的统一党是重建了，不过由于原统一党的许多人已经加入了共和党，因此章太炎的统一党要想在即将到来的国会选举中有所斩获，还必须与其他政党有所联络，相互帮助。在当时诸多政党中，对党魁人格比较高看一档的是黎元洪，于是章太炎不辞辛苦亲往武昌游说，邀请黎元洪担任统一党的名誉总理，而黎元洪也有类似想法，竭诚邀请章太炎担任共和党理事。

黎元洪和章太炎的想法或许都有道理，但是章太炎通过这一系列交涉深切感到，政党政治如果这样交换下去，最后恐怕也就不是政党政治了。回到北京后，章太炎默观近状，认为"此时中国之有政党，害有百端，利无毛末"。所以他郑重建议国中政治大佬诸如袁世凯、黎元洪、孙中山，都不要组党，不要立党，而是应该以个人资格就政治问题发言，行事而当，发言而正，人心助顺，那么四万万国民就是你们的党员，就是你们的背景。

章太炎的这些政治主张，在民国初年复杂政治背景下无疑很难实行，且不符合实际。

对于章太炎的方案，估计真正有点兴趣的也只有袁世凯，因为他在大总统的位置上，如果能够做到超党派的全民总统，那当然是一件再好不过的事情。可惜民国初年的政治环境不允许这样做，所以这件事情也就不了了之。

章太炎全力支持袁世凯的心迹几乎等于公开表露出来了，他在许多问题上的建议也都是从大总统的立场进行考虑。袁世凯对章太炎也充分信任，在章太炎逗留北京的那些日子里，他数度进入总统府，与袁世凯畅谈一切，甚至有时代表大总统巡视南北，联络各方，貌似大总统的特别代表或特别助理。

1912 年 10 月，国会选举将近，袁世凯请章太炎到东北地区观察情形，疏通关系，为正式大总统选举作准备。章太炎到了东北，每与人接谈，必盛称袁世凯"功德"。

章太炎的东北之行不仅帮助了袁世凯，而且使他个人对东北的战略地位有了新的认识，所以他回到北京不久，便接受了袁世凯的政治任命，出任东三省筹边使。

出任东三省筹边使应该是章太炎与袁世凯反复协商的结果，也是章太炎的自愿选择。他在视察东北归来后，多次建议袁世凯殖边、开发东北，巩固东北，以防止、抵制日、俄对东北的觊觎和蚕食。

东北危机由来已久，早已成为袁世凯的心腹之患。沙皇俄国利用中国内乱策动蒙古独立，而日本也不断扩大在东北的利益。这时有章太炎这样的人愿意前往东北从事积极的建设，袁世凯何乐而不为？几经磋商，创设了一个东三省筹边公署的新衙门，而给章太炎的任命，就是东三省筹边使，其职责就是代表中央政府全面负责和协调东三省管理和开发。

1912 年底，章太炎带着随从离开北京前往长春。翌年元旦，筹边公署开始办公。应该承认，章太炎在东北的那段时间，还是尽心尽力、尽职尽责的，他把工作的重心放在调查研究和资源勘察上，既委派专人调查并绘制边境详图，以划清国界为筹边的入手办法，又派员对东三省矿产资源和可开垦荒地进行详细勘察，期待在摸清东三省家底的基础上逐步形成开发方案。

通过实地调查，章太炎开发东三省实业的信心更加坚定，他在写给大总统的计划书中强调，东三省实业开发的关键有二，一是要有足够的资金，二是必须建立起能够保障物流畅通的交通运输体系。

在资金方面，章太炎对混乱不堪的东三省币制进行严格整顿，呈请中央政府批准设立东三省实业银行，统一币制，建立统一的信用体系，为东三省大规模开发进行融资。这些建议获得了中央政府的认同和三省实业界的大力支持，普遍认为章太炎的这个构想擘画弘远，足以拯救东三省经济命脉，是东三省摆脱贫困走向富强的必由之路。

对于东三省境内的矿产资源，章太炎力主利用各方面资金大力开发，特别是丰富的金矿资源，更应该从维护民族利益和国家权益的角度自主开发，东三省不应该抱着金饭碗要饭吃，要把资源变成财富。

数百年来，由于东北具有特殊的地位，一直没有得到有效开发，到处都是荒地，到处值得开发，基于对东北历史及现状的调查，章太炎还向袁世凯提出移民实边、开荒屯田方面的建议。认为移民垦荒在东北总体开发中占有重要的战略地位，不仅可以化解关内日益增长的人口压力，而且能为国家提供更多的优质粮食。

整理币制、开发矿产资源和垦荒，是章太炎筹边政策的三个重要内容，而要实现这三个重要目标，章太炎清楚地知道更重要的一个环节是交通，如果没有便利的交通体系，一切规划都是枉然。所以章太炎在筹边之始就力主利用各方面资本重构东三省交通体系，除了在原有铁路网线基础上加大增多，更要充分利用东北丰富的水资源，开挖几条人工运河，构建东三省境内辽、松、黑三条干流为主导的水网体系。

对于东北的开放和未来建设，章太炎有着非常好的构想。然而仅仅七个月的时间，从来没有从政经验的章太炎对于官场的各种各样的规则和潜规则就很不耐烦了，袁世凯的中央政府也没有像原先承诺的那样支持到位，而东三省原有的政治架构、行政体制更是使章太炎有心无力，许多计划永远只是计划，这不得不使章太炎失望和伤心。所以到了1913年6月，当袁世凯的财政总长梁士诒阻挠东三省筹措资金计划时，章太炎于6月18日愤而辞职，大骂梁士诒不是东西。给袁世凯发了一个电报："只管推宕，不要你的钱了。"

五、民国囚徒

章太炎愤而辞职，除了东三省的工作根本推动不了这一原因，可能还有一个重要背景，就是宋教仁被杀。

宋教仁是同盟会——国民党的重要领袖，也是议会政治的热情参与者。面对第一次国会选举，宋教仁信心百倍，南北奔波，东西奔走，就像西方民主国家的政治家一样，到处去争取选民、争取选票，应该说在当时宋教仁距成功只有一步之遥。

然而就这一步之遥却永远阻断了宋教仁的议会梦，甚至阻断了当时中国人对民主政治的追求和梦想。1913 年 3 月 20 日，宋教仁在上海车站被刺身亡。这对中国人，特别是南方革命党人来说，无疑是晴天霹雳，促人猛醒。

宋教仁被刺后的情形

宋教仁被刺时，章太炎还在东北，他根据各方面的情报认为宋教仁被刺肯定是政治谋杀，而指使者就在北京。他虽然不能肯定这件事与袁世凯有直接关系，但他相信刺杀宋教仁的主谋一定是北京的"佞臣"。章太炎呼吁舆论界主持正义，揭露真相，认真监督，追究真凶；对于南方革命党人，章太炎竭诚呼吁"惟有各党中革命人才纠合为一，辅以学士清流，介以良吏善贾，则上不失奋斗向上之精神，下不失健全之体魄，只有这样，中国的政治问题或许能够找到出路，或许能够平稳度过'宋案'带给中国民主政治的困扰"。

基于这些判断与考虑，章太炎于"宋案"后离开东北赶赴上海，与国民党人孙中山、黄兴、陈其美等沟通，接受孙中山对"宋案"的判断，认为当时中国政治上最严重的问题还是腐败与专制，中国如果不能从根本上铲除腐败与专制，如果继续容忍这些"国病"于中央，那么什么民国，什么共和，其实只是一块空招牌，民主共和依然是一场空想、一场梦。

章太炎能够接受南方革命党人的判断，承认宋教仁血案绝对不是简单的刑事犯罪，而是政治谋杀，而且这个谋杀的主谋一定来自北京。这是章太炎与孙中山等人判断相似的地方，只是章太炎没有像孙中山那样坚定地将矛头指向袁世凯。章太炎似乎认为，"宋案"的直接受益者或许是袁世凯，但袁世凯的政治"智慧"使他不会这样愚蠢、这样笨，所以章太炎只是说这些事情都是那些"佞臣"所为。这些"佞臣"，据章太炎的说法就是总统府秘书长梁士诒、参谋本部次长陈宧、拱卫军司令段芝贵和国务总理赵秉钧所谓"四凶"。

与章太炎的主张不同，国民党人，特别是孙中山，坚决主张武力讨伐袁世凯，黄兴原本主张法律解决，主张在不破坏《临时约法》的框架内以法律方式进行抗争。然而，黄兴并没有说服孙中山，孙中山的主张渐渐在党内获得了普遍认可。

《真相画报》刊登的刺杀宋教仁的有关人犯

　　国民党渐渐走上武力抗争的道路，当然也有来自北方的刺激。宋教仁案发生不久，袁世凯政府与五国银行团签订借款合同，在国民党人看来，这项借款就是袁世凯要扩充北洋军队，就是准备与国民党人分手。基于这种担心，具有国民党身份的江西都督李烈钧、广东都督胡汉民和安徽都督柏文蔚通电反对。国民党与袁世凯之间的矛盾、冲突，就愈演愈烈。国民党坚决武力抗争，袁世凯表示国民党如果敢起兵抗争，他就敢出兵镇压，大局危机越来越不可收拾。

　　在南北纷争日趋严重的时候，章太炎并没有坚定地站在南方国民党人的立场上，当然也没有站在袁世凯的立场上，他似乎对南北双方都有点不满。章太炎能够看上的只有黎元洪，所以他在南北纷争日趋紧张的日子里，与黎元洪保持着一致，努力调解南北纷争，希望双方都不要诉诸武力，还是回到国会中和平解决。章太炎的思路是，既然南北纷争不可调解，那么为了保全大局，力求和平，唯有求大总统袁世凯退位，并声明不再出面竞选总统，有点像前临时大总统孙中山一样，退居民间。对于南方，章太炎也多有批评，但不管怎么说，南方处于在野的弱势，章太炎的批评矛头主要还是对准了北方，就是要运动袁世凯下台，以袁世凯的下台换取大局和平。

章太炎的思路或许是一个解决方向，如果在一个成熟的民主国家，遇到宋教仁血案这样一时说不清道不明的案件，涉嫌的行政负责人或许会自动辞职，化解危机。然而在一个刚刚走上民主道路的中国，袁世凯自信"宋案"和他无关，没有辞职的必要。仅仅为了避嫌，他周围的那些既得利益者无论如何不会让袁世凯辞去大总统职务。于是和平的劝说不可能实现，要想实现这个思路，还必须另想办法。

在当时的政治人物中，袁世凯既然不行了，孙中山也不在章太炎的考虑范围内，能被章太炎认为可以倚重的，也就只有武昌的副总统黎元洪了。于是章太炎从上海专程前往武昌，希望黎元洪能够以廓然大公之心，出面竞争大总统，以此拯救国家危亡，拯救刚刚诞生的共和国。

然而黎元洪太清楚自己根本不是袁世凯的对手，尽管章太炎在武昌盘桓了二十多天，说了很多话，但黎元洪始终不敢就此明确表态。被逼到最后，黎元洪也只是建议章太炎不妨趁着进京的机会劝劝袁世凯，袁世凯如果能够听进去谏劝，也就不必大事更张，另选总统了；假如袁世凯执意不听，那就再按你的这个思路办。

有了黎元洪的这个态度，章太炎于5月28日抵达北京，准备近距离观察一下袁世凯的态度，也准备调解南北纷争。在与袁世凯会面或面向报界时，章太炎一再强调南北纷争更多的来自误会，南方国民党对政府施政方针有所不满，但绝对不是截然反对，更不是谋反叛乱。至于政府施政方针和施政效果，章太炎认为也确实存在一些问题，不应回避。政府将内部纷争作为敌对势力去打压，甚至准备用武力去对付，显然是不对的。

"袁大总统"的长处在军事、外交两个方面,政府应该在这两个方面多用力,要用武力去抵御沙俄对蒙古的威胁,要用外交去维系蒙古不被沙俄给断送。

北京之行使章太炎相当失望,使他觉得南北纷争和平解决的可能性相当渺茫。对于北方,对于袁世凯,章太炎觉得只有任其跳梁,终将自灭,有个三五年时间,或许能够从黑暗到光明;对于南方国民党人,章太炎有了更多期待,希望他们团结起来,合力监督政府,或者将南方各省打碎打烂,由此或许能够打破僵局,出现新机。

真的是不幸而言中。袁世凯自以为不是"宋案"主谋,自以为居于道义和正当,所以面对南方的反对,袁世凯不愿妥协、不愿让步,反而步步

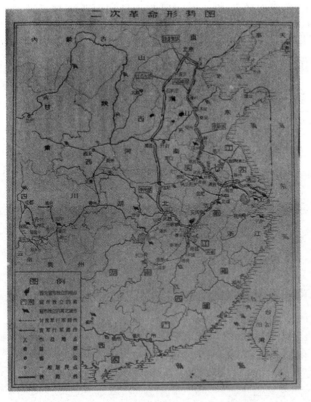

"二次革命"的形势图

紧逼，挑起事端。相继罢免李烈钧、胡汉民等国民党人的都督职务，逼迫国民党人走上武装反抗的道路，于是有了"二次革命"。

"二次革命"爆发后，章太炎立即发布宣言，号召各地共同起兵讨袁。只是他并没有坚定地站在孙中山、黄兴一边，他还是期望黎元洪能够在这个时候站出来，甚至建议黎元洪抛弃袁世凯和南方的孙中山、黄兴，构筑第三条道路。

然而，"二次革命"很快失败了，孙中山、黄兴等流亡国外。章太炎认为他并不是坚定的孙、黄同盟者，所以他相信袁世凯并不会因他的几个宣言而对他怎么样。何况他新婚未久，也不愿马上离开。

章太炎确实不是"二次革命"的发起者，但他用自己的文字鼓吹反袁也是事实。他不愿离开中国流亡海外，但谁也无法保证这个"章疯子"什么时候犯病、什么时候发作。于是，章太炎极端讨厌的"佞臣"之一陈宦献策，以"二次革命"后政治形势急剧变化，共和党如何应对为由，急请章太炎前往北京，主持共和党的大局。

陈宦太知道章太炎的性格了！章太炎收到这个电报后，觉得自己有责任义无反顾前往主持，因为共和党是合法政党，共和党在未来的总统选举中一定还会有所作为。他不知道这是一个调虎离山的计谋，所以当他带着新婚蜜月的甜美兴冲冲赶到北京时，等待他的却是软禁。一个堂堂的"民国元勋"，竟然在一夜之间成了"民国囚徒"。

第七章
重建民国

袁世凯在镇压"二次革命"后，爬上了正式大总统职位。图为袁世凯就职后与部属们的合影。

1913 年 8 月 11 日早晨，章太炎抵达北京，迅即入住位于化石桥的共和党总部。他还没有来得及进行任何政治活动，却发现自己和共和党总部已被警方控制了起来。警方的理由是章太炎参与了"内乱"。不过，警方秉承袁世凯的旨意，也没有太为难章太炎。袁世凯希望章太炎在此后的政治活动中能够站在政府一边，无奈章太炎根本不吃这一套。不知不觉中，章太炎竟在北京被软禁了三年。三年中，章太炎软硬兼施，装疯卖傻，大闹过，大骂过，但就是冲不出军警的包围。到了后来，章太炎几乎彻底失望，自杀，绝食，抗争，什么样的手段都用了，依然无法逃脱。章太炎真的心灰意冷了，除了几个弟子找他聊聊学问，三年就这样荒废过去了。

一、在府院之间

俗话说，天无绝人之路。当章太炎陷入深深绝望之中时，袁世凯自作自受，搞帝制、搞复辟，终于天怒人怨，众叛亲离。袁世凯郁闷至极，急火攻心，于 1916 年 6 月 6 日一命呜呼。

袁世凯死后，副总统黎元洪顺位接任大总统。黎元洪是章太炎心目中的"一尊神，是道德完人，是大政治家"。而黎元洪对章太炎也充满感激，毕竟在民国众多政治家、政客中，只有章太炎这样看重他，而章太炎又是那样有名的国学大师。所以，黎元洪就职后不久，章太炎也就恢复了自由。章太炎立马从大总统袁世凯的阶下囚，变成大总统黎元洪的座上客。

6 月 12 日，黎元洪亲访章太炎，问经国大计。章太炎对以开国承业，与民更始，第一以去小人为务，第二宜大开党禁以广言路。还泛论国势人才以及一些具体事项。黎元洪表示获益良多。

近君子而远小人，是中国传统政治的基本原则，也是领导者始终难以做到的事情，所以总是需要诤友不断提醒。章太炎对袁世凯有许多不满和意见，其实归纳起来，很多意见都不是对着袁世凯个人，而是袁氏身边的"佞臣"。他在辞去东三省筹边使时要求袁世凯除去梁士诒、陈宧、段芝贵和赵秉钧所谓"四凶"。即便到了"二次革命"爆发，章太炎依然没有对袁世凯个人多加指责，而是建议南方革命党人将斗争矛头对准梁士诒、陈宧、段芝贵、王赓、陈汉第、熊希龄和赵秉钧七人。所以当"二次革命"失败后，章太炎还敢坦然进北京，因为在他思想深处，确实并没有将袁世凯作为主要的斗争对象，尽管他曾不止一次想用黎元洪替代袁世凯。

现在黎元洪执政了。相应的，章太炎也就成为——帝王师了，只是章太炎出的第一着就不太合乎当时的氛围，所以这一着实际上没有被采纳。

章太炎建议以去小人为务，其实就是要黎元洪除恶务尽，一定要下力气铲除袁世凯帝制复辟中那些积极活动上蹿下跳的人，也就是当时舆论所说的"帝制余孽"。然而，这一建议说起来容易，做起来太难了，牵涉的方面太广了，所以黎元洪尽管对章太炎的建议唯唯诺诺，但他心中其实很明白，这个建议在北京要变成事实，实在是不靠谱。

黎元洪的忧虑是对的。他虽然接替袁世凯成了民国大总统，但民国政府的实际权力并不在他的手里，他的大总统具有法理上的依据，但真正给他的，让他当的，还是北洋政治强人、国务总理段祺瑞。所以黎元洪就职后，面对的最大难题，就是总统府和国务院之间的权力分配，于是稍后就有所谓的"府院之争"，而章太炎不幸又以某种特殊的形态介入其中。

章太炎恢复自由后，归家心切，婉言谢绝了黎元洪的挽留。7月1日，章太炎回到了离开三年的上海，在那里他受到了各方面的热情欢迎和盛情款待，大家都把他当作反对袁世凯的大英雄。

黎元洪对于自己可能会遇到的困难处境，当然是心知肚明，知道自己不论从政治智慧还是行政能力上，肯定都不是段祺瑞的对手，所以他挽留章太炎，而章太炎毕竟离家三年被囚禁，不可能留在北京。不过，章太炎临走还是给黎元洪一个"锦囊妙计"，告诉黎元洪好好干不必怕，只要南方各种各样的政治势力、军事势力不那么快地向段祺瑞屈服，只要这些反段势力能够存在，你黎大总统的地位就不会出问题。

也正是基于这样一种判断，章太炎到了南方之后是人在江湖心在庙堂，没有一天不在想着北京政府，想着黎元洪，想着怎样对付段祺瑞，想着总统府与国务院之间的权力均衡，想着怎样利用南方势力牵制段祺瑞，使段祺瑞不敢轻举妄动。

南方的势力在当时主要有这样几个分支。一支还是以孙中山、黄兴等人为主体的革命党人，他们虽然在"二次革命"后流亡海外，但在袁世凯死后也就基本上被解除了通缉，相继返回国内，且有英雄返乡的感觉，很快成长为一支具有相当规模的政治势力。另一支就是西南地区的反袁势力，这就是袁世凯帝制自为后以蔡锷为领袖的护国军、护国政府，主要人物还有蔡锷的老师梁启超，以及蔡锷的部将唐继尧等。他们在宣布讨袁护国后，与广西军事强人陆荣廷等一起成立"护国军都司令部"，后来改为"军务院"，以岑春煊为都司令，唐继尧为抚军长，陆荣廷、梁启超等为抚军。

在章太炎看来，孙中山、黄兴和西南反袁这两股势力的存在就是黎元洪统治稳固的基础和保障，所以他在上海与孙中山、黄兴沟通，在惩治帝制罪魁、维护《约法》、拥护共和、召集国会等问题上与孙中山达成共识。

然而，对于西南方面，章太炎就没有那么多办法了。当黎元洪继任后，大局渐趋明朗，原本以反对袁世凯帝制复辟为目的的军务院渐渐失去了继续存在的法理基础。7月14日，唐继尧与梁启超、陆荣廷等人联名发表通电，宣布因为约法、国会渐次恢复，决定撤销护国军军务院，国家一切政务，静听元首、政府和国会主持。8月1日，参众两院议员在北京得以恢复，重新开会。21日，众议院通过段祺瑞为国务总理的决议；23日，参议院亦通过了这个决议。至此，段祺瑞的北洋系重新控制了中央政权。这在章太炎看来并非一件好事，因为按照他的分析，黎元洪大总统的位子要想坐稳，就必须有南方各种各样的政治势力甚至军事势力为之策应，假如南北重建统一了，南方的政治势力、军事势力全部消解了，黎元洪的位子肯定也就坐不稳了。

基于这样的特殊分析，章太炎不顾刚刚回到南方的劳累和新婚小家，风尘仆仆前往广东肇庆，指责两广都司令岑春煊不该贸然解散护国军军务院，他的理由是帝制余孽犹存，而段祺瑞大权独揽，个人独裁，大难未已，南方力量不应该如此轻易放弃，自动收束。

岑春煊其实是不想解散护国军军务院的，只是他个人的力量无法抵制护国军军务院中的许多人，因为护国军的成立是基于袁世凯称帝的事实，现在袁世凯不在了，护国军和军务院的存在当然没有法理上的依据了。岑春煊的司令部参谋李根源和秘书长章士钊都是章太炎的好朋友，他们的解释言之成理，章太炎即便怎样坚持，也毫无办法，无法挽回。失望的章太炎一气之下跑到南洋游历去了，在那里逗留了两个月的时间，到处演讲，以大革命家、大学者的身份赢得了无数喝彩和掌声。

一趟南洋旅行归来，国内政治形势继续演化，总统府与国务院之间的矛盾愈演愈烈，双方争执越来越严重。段祺瑞把持着实际权力不放，弄得总统府成了一个摆设；黎元洪当然也不会坐以待毙，他想方设法拉拢国会中乃至内阁中的反段势力，以及北洋系内部的反段势力，他甚至不管这些势力的政治倾向，只要是反段，就可结盟，于是徐世昌、李经羲以及与宗社党说不清道不明的张勋等，都成了黎元洪的政治盟友。黎元洪的这一系列做法使章太炎很失望，但他也没有办法。

章太炎这样抱怨黎元洪，其实他自己也是这样做的。"府院之争"的一个重要内容是中国要不要参加第一次世界大战，要不要对德宣战，与德绝交。这原本是一个历史问题，第一次世界大战爆发不久就已在中国发生。只是在袁世凯的时代一直找不到解决方案，就这样一直拖了下来。

从中国的历史与未来看，参战无疑是一个正确的选择。德国占领着山东，中国如果参战，第一战无疑就是要把山东从德国人的手里要回来。假如这件事情在日本人动手之前由中国人做了，哪里还有后来一系列事情呢？从国家利益考量，中国应该参战。但从党派立场，黎元洪又非常担心中国参战被段祺瑞利用，担心段祺瑞会利用参战进一步扩大自己的势力，于是黎元洪转而反对中国参战，府院之间因参战问题闹得不可开交。

或许是因为黎元洪反对参战，或许是因为章太炎确实认为中国不应该参战。在当时激烈的参战还是不参战的争论中，章太炎站在黎元洪的一边，认为"这场发生在欧洲的战争与中国无关，段祺瑞欲借对德绝交以兴战祸，是将以全国军民之生命财产，供其一人之牺牲"。在章太炎看来，中国就是要坦然宣布"光荣孤立"，局外中立，对于列强争夺霸权的这场战争冷眼旁观，不要介入。

段祺瑞认为参战对中国有利，因而想尽一切办法也要推动中国参战。1917年5月，他将十几个督军召集到北京，组成一个"督军团"，以此向黎元洪和国会议员施加压力。甚至组织"公民请愿团"，上千人包围国会，要求议员们按照他们的意思通过宣战案。

"府院之争"闹得不可开交。黎元洪找到一个机会就把段祺瑞的国务总理和陆军总长给免了，从法理上说，这是大总统的权力。只是段祺瑞无论如何也咽不下这口气，他跑到天津继续操控督军团，威逼黎元洪解散国会并宣布下野。黎元洪为了与段祺瑞对抗到底，任命李经羲为国务总理，并采纳李经羲的建议，招张勋进京保护。

黎元洪的做法显然过了，引来了李经羲，又引来了张勋，殊不知张勋一直有着浓厚的帝制情结，一直在寻找为大清国效力的机会。7月1日，张勋在北京宣布清废帝宣统溥仪临朝听政，收回大权，与民更始。黎元洪引狼入室，咎由自取。第二天黎元洪宣布由冯国璋代理总统职务，重新任命段祺瑞为国务总理，而他本人则匆匆逃到日本使馆躲起来了。

中华民国的法统至此差不多全乱了套。

二、在护法运动中

章太炎是绝对支持黎元洪的，但对黎元洪的一些做法有时也不是全部认同。黎元洪拉拢李经羲、徐世昌等人，章太炎就非常反感和反对，他也找准一切机会提醒黎元洪，甚至直接出面大骂李经羲本为民国叛逆，不宜出任民国总理；对于徐世昌，章太炎同样给予不客气的讥讽，嘲笑徐世昌本是袁世凯的老相国，怎么突然间又对民国总理有了兴致？他告诫黎元洪不要心存幻想、心存侥幸，与狐谋皮，很可能就被这些老狐狸给卖掉了。

黎元洪虽然对章太炎相当尊重，但他也有自己的考虑，不可能对章太炎言听计从，结果引狼入室，被张勋赶下台，甚至演变成帝制复辟，民国法统一夜之间给弄丢了。

对于北京政局演变，章太炎始终高度关注。张勋复辟的第三天即黎元洪离职第二天（7月3日），章太炎就与孙中山、唐绍仪、程璧光、陈友仁等海陆军官会商，决定出师讨逆，重建共和，重建民国，一定要将这场民主与专制、共和与帝制的斗争进行到底。商量的结果，他们在章太炎的建议下，一方面想方设法准备将躲在日本使馆的国家元首黎元洪营救出来，并将他迎接到南方重组政府；另一方面他们决定与西南各省实力派火速协商，建立临时政府，公推临时总统，以图恢复。

根据协商，章太炎和孙中山、朱执信、廖仲恺、何香凝、陈炯明等人于7月6日乘坐军舰离开上海，他们准备在广东建立临时政府，根除元凶，恢复约法。10日，章太炎、孙中山一行抵达汕头。为了能够在广东顺利建

1917年6月，张勋复辟。

152

立临时政府，章太炎率领陈炯明、朱执信等人没有在汕头逗留，当天赶往广州，与广东督军陈炳焜、省长朱庆澜协商相关事宜，要求他们拒绝承认北方政治局面的变化，不要承认段祺瑞复职，不要承认冯国璋的代理大总统，不要承认国会解散和内阁重组，坚定支持孙中山和临时政府恢复民国、重建共和。

其实，北方政局在这几天发生了翻天覆地的变化。章太炎、孙中山一致认为，段祺瑞无非是假借反对张勋帝制复辟、拥护共和的名义以图自固，他们在北方重建的政府并不具有民国法统，而是一种伪共和，所以今日救亡之策，即在护法。护法即先讨逆，乱法者必诛，违法者必逐，然后真正共和国家始能建立。在章太炎、孙中山看来，段祺瑞与张勋是一丘之貉，而且张勋只是一逆，而段祺瑞则是众逆。一张勋败则众张勋起，众张勋就是群逆，就是民国的敌人、共和国的敌人。这就是章太炎、孙中山执意要在广东建立临时政府的理由和依据。

孙中山、章太炎有极大的号召力，在他们的号召下，海军舰队在总司令程璧光率领下陆续集结广州，一些国会议员也先后抵达。8月18日，孙中山召集国会议员谈话，决定尽快召集国会非常会议，起草军政府组织大纲。25日，国会非常会议在番禺举行，一百五十多名国会议员出席了会议。31日，国会非常会议通过《军政府组织大纲》；第二天，国会非常会议选举孙中山为陆海军大元帅；又过了一天，选举唐继尧、陆荣廷为陆军元帅。9月11日，孙中山发布命令，正式组建军政府各部门，任命各部门首长，章太炎被特任为大元帅府秘书长。

军政府宣布成立后，陆荣廷、唐继尧拒绝接受陆军元帅的委任，伍廷芳、唐绍仪、程璧光拒绝接受各部总长的任命。刚刚诞生的军政府几乎成了孤家寡人，由此也就忙坏了大元帅府秘书长章太炎。

桂系领袖陆荣廷在实际操作中只是宣布两广自主而不是宣布两广独

立。对于北方政局变动，陆荣廷有所接受有所保留，但在总体上他依然认为北方才是真正的合法政府，因而反对成立非常国会，反对成立军政府，所以他也就不愿意接受陆军元帅的推戴，甚至公开宣布以后广东无论发生什么样的问题，他陆荣廷概不负责。

云南领袖唐继尧在当时西南地区势力最强，控制着云南和贵州两省，并能有效地影响四川。但是唐继尧的政治态度与陆荣廷相像，并不认同孙中山的政治理念和政治主张。他同意帮助孙中山护法，但不愿接受陆军元帅的职务，不愿很深地介入军政府中的事务。

陆荣廷、唐继尧的态度是孙中山护法军政府成功的关键，如果不能与他们达成共识，哪怕是不完全的共识，那么护法运动就只能是一句空话。为此，章太炎接受孙中山的委派，以大元帅全权代表的身份，与陆荣廷、唐继尧等人沟通，商榷方略，以利戎机。

章太炎原本期望原广东督军龙济光能够影响陆荣廷，但他到了香港与龙济光会面后发现根本不是那么回事。龙济光不仅影响不了陆荣廷，而且龙济光本人也受着唐继尧的深刻影响，因此，西南问题的关键转向了唐继尧，而唐继尧与章太炎之间由于历史因缘，也曾有过不一般的关系。所以章太炎从香港取道越南赴昆明，准备在那里耐心地做做唐继尧的工作。

唐继尧对章太炎原本就很尊重，现在章太炎又这样不辞劳苦亲自跑来颁发陆军元帅证书，这不能不使唐继尧动了恻隐之心。几天的倾谈之后，唐继尧接下了证书和印信，但他依然不愿为此举行公开的就职典礼，不愿对外使用这个新头衔，实际上还是要与护法军政府保持距离。

章太炎劝说唐继尧向四川、两湖用兵，以取得南北均势；而唐继尧对四川觊觎已久，他要想充当名副其实的"西南王"，就必须有效控制四川。于是唐继尧顺水推舟组织滇黔靖国联军，并聘任章太炎为联军总参议，向

唐继尧（1884—1927）

四川用兵，并于 1917 年 12 月初相继占领重庆、泸州。

重庆镇守使熊克武原本是同盟会出身，他在 12 月 21 日发出通电，宣布所部川军加入护法卫国的川滇黔靖国联军，与北京政府冯国璋新近任命的四川督军刘存厚正面对峙。翌年初，滇军从川南向刘存厚部发动猛攻。几个回合下来，刘存厚部损失惨重，退至陕南汉中，唐继尧控制四川的目的基本实现，他已无心听从孙中山的指挥挥师东下，更不愿与北京政府继续正面对抗。

唐继尧不愿与北京政府继续正面对抗，是因为北方的局势在这一段时间也在发生急剧变化。1918 年初，大总统冯国璋因与段祺瑞的皖系冲突加剧，不再支持段祺瑞的武力统一。冯国璋的这个建议在西南地区获得了积极响应，岑春煊、陆荣廷和唐继尧以为这或许是解决时局危机的一条出路，所以他们于 1918 年 1 月 15 日在广州成立西南各省护法联合会议，以"拥护约法，保障国会，征讨祸首，勘定内乱，以巩固统一之根基，促进宪法之成立"为宗旨，并以之为护法各省最高政务执行机关，以此对抗孙中山的军政府。孙中山、章太炎原本与这些新老军阀关系处理得还好，突然在一夜之间这些新老军阀全都背道而驰了。

岑春煊提出的议和条件是，一、承认冯国璋为大总统；二、国会问题提交给各省省议会去解决；三、以陆荣廷为粤桂湘巡阅使，免去北京政府任命的龙济光；四、以唐继尧为川滇黔巡阅使，免去北京政府任命的刘存厚。岑春煊的建议或许也是解决时局危机的一个办法，但这个办法毫无疑问损害了军政府的利益，军政府成为南北统一的局外人。所以岑春煊的这个建议遭到了章太炎、孙中山的坚决反对。章太炎在揭露岑春煊的同时，相继致电伍廷芳、唐绍仪和程璧光等人，劝告他们不要听信这些军阀的谎话，不要出任西南各省护法联合会议的职务，揭露此时以南北媾和为目标，简直就是一种自杀政策，是一种政治上的不负责任。

　　岑春煊、唐继尧等人见既然不能从外部另行组合与北方对谈，那么他们便从内部策动改组军政府。5月4日，广州非常国会通过军政府组织大纲修正案，将孙中山的大元帅制改为由七人组成的政务总裁制。5月20日，选举唐绍仪、唐继尧、孙中山、伍廷芳、林葆怿、陆荣廷、岑春煊七人为军政府政务总裁，岑春煊兼内政部长，伍廷芳兼外交部长，陆荣廷兼陆军部长，林葆怿兼海军部长，孙中山兼司法部长，唐绍仪兼财政部长，唐继尧兼交通部长，李烈钧兼参谋部长。军政府的权力由此落入岑春煊等军事强人手里，孙中山遂于第二天（5月21日）黯然离开广州，返回上海。

　　当军政府发生如此巨大变化时，章太炎仍以军政府秘书长的身份在西南地区苦口婆心劝说那些军事强人能够以国家大局为重，放弃"西南部落主义"狭隘意识，分兵东下和北上，只有用武力才能解决南北纷争，恢复民国法统，重建民国，而其标志就是合法总统黎元洪复职。

　　然而，军政府内部的权力冲突和恶斗使章太炎渐渐失望，他觉得西南这些军事强人与北洋系军人乃一丘之貉。8月12日，北京新国会开会，代总统冯国璋任期届满，通电表示无意竞争选举。9月4日，新国会选举徐世昌为中华民国大总统。广州非常国会虽然通电反对，但根本无法阻止徐世昌就职。

在章太炎看来，徐世昌就职从根本上破坏了民国法统，使合法总统黎元洪复职更加无望，也使他从事的护法运动毫无意义，伤心至极的章太炎在痛骂了徐世昌和南北军阀之后，于 1918 年 10 月 11 日闷闷不乐返回上海，结束了这场长达两年之久的护法运动。

三、民国政治架构新设想

极度失望的章太炎回到上海并没有躲进小楼成一统，两耳不闻窗外事。他的政治热情没有丝毫减损，只是改变了参与现实政治的方式。

章太炎对徐世昌从来就没有好印象。不过实事求是地说，徐世昌应该算是不错的大总统之一，文人主政，不滥杀无辜，具有相当的民主意识，这都是 20 世纪 20 年代官场中最难能可贵的品质。

在政治理念上，徐世昌与其前任有很大变化。因为在他就任大总统不久，第一次世界大战结束，中国在最后时刻参加了这场战争，而且成为战胜国之一，这在客观上要求南北停战，要求南北双方就怎样参加巴黎议和、怎样处理战后问题达成一致，所以徐世昌竭力倡导与南方护法军政府议和谈判，最好能结束战争，重建统一。为此，徐世昌派遣参议院副议长朱启钤为北方总代表。

南方护法军政府改组后，孙中山黯然退出，岑春煊、唐绍仪等成为军政府的主导力量。岑春煊与徐世昌均为前清时代督抚同僚，交往已久。至于唐绍仪，更与袁世凯等关系密切。所以南方护法军政府对徐世昌的倡议积极回应，委派唐绍仪为南方总代表。

南北和谈应该是当时的正确选择，但章太炎却不这样认为。他先是看不上徐世昌的人格，继则连岑春煊、唐绍仪、朱启钤等都被他狠狠贬损一通。

徐世昌（1855—1939）

章太炎不仅认为徐世昌是前清余孽、袁世凯帝制复辟的重要帮凶，而且是黎元洪、段祺瑞府院之争中的重要人物，如果不是徐世昌居间挑拨，章太炎认为府院之争不会如此严重，黎元洪也就不至于平白无故丢掉了总统位子。

至于北方总代表朱启钤，确实如章太炎所指责的那样，是袁世凯帝制复辟中的关键人物，且在后来受到通缉，所以章太炎指责他是"帝制犯人"，由他代表北方进行谈判，南方如何能信？

对于南北和谈，章太炎坚决反对，他劝告南方政府不要被这些和平的呼吁所迷惑。他认为岑春煊之所以如此积极推动南北和谈，其目的就是想当统一后的副总统。至于那个唐绍仪，如此热情参与南北和谈，其目标就是副总理。章太炎的这些论断不足以服人，但其目标就是要阻止南北和谈，阻止南北统一。他认为，南方政府虽然面临许多困难，但也不应该如此草率与北方合并，南方应该尽快选举自己的总统，以绝北人之望。这样，即便南北和谈，南北合并，也应该以南方为主体，以北方为附庸，民国法统由此方能得以传承。

章太炎的反对并没有阻止住南北和谈的进行。1919年2月20日，南北和谈在上海正式开始。至此，章太炎依然不愿就此妥协，他邀集一批同志成立了一个"护法后援会"，专门揭露南北和谈中的阴谋，始终坚持反对和谈的立场。对于唐绍仪在谈判中格外强调裁兵、理财等具体事项，而根本不涉及护法、法统等倾向，章太炎非常愤怒，多次致信唐绍仪表示不满和抗议。章太炎的意思，就是不能承认北京政府的正统地位，不能承认北方代表民国法统，这是一个原则，绝对不能让步。然而，章太炎的这个认识并不被唐绍仪和南方领导人所理解和看重，因为现在的南方领导人如岑春煊、唐绍仪等，他们与章太炎、孙中山等人不一样，他们都是前清旧臣，并不是革命领袖，所以不可能像章太炎那样看重民国法统。

对于唐绍仪的谈判，章太炎非常不满。他认为，徐世昌的和平统一、南北议和，其实要的就是民国法统，就是要南方承认他们政治统治的合法性、正当性。如果南方领导人不明此理这样做了，那就等于自我瓦解，彻底失去了与北方抗衡的筹码和力量。

在英、美战胜国的压力下，南北和谈应该说还是取得了相当多的共识，中国似乎也有可能由此走上和平统一。然而由于此时北方政府中的段祺瑞依然以"参战督办"的身份统帅"参战军"，继续支用由日本提供的"参战借款"，甚至唆使亲信进攻陕西护法军，这一切给南北和谈的顺利进行设置了重重障碍。

5月10日，唐绍仪在会谈中提出一揽子解决方案，共八条，建议恢复旧国会，由和会组织政务会议，监督议和条件的履行，同意内阁之组织，裁废参战军、国防军，撤换那些不合格的督军省长，不承认巴黎和会所定山东问题解决办法，宣布中日之间一切秘密条约无效，并严惩相关人，承认徐世昌为临时总统，至国会选举正式总统为止。

对于南方代表的一揽子解决方案，北京政府不愿接受，特别是不能接受以取消新国会作为承认徐世昌为总统的条件。5月13日，南方议和代表全体辞职；第二天，北方代表亦请辞。南北和谈终告破裂。

南北和谈的破裂，当然不是章太炎反对的结果，而是国内外政治环境的变化决定着这个谈判不可能成功。在南方，握有兵权的桂系、粤系为争夺地盘打得不可开交；在北方，皖系、直系也在进行着混战，直系后来在奉系帮助下，战胜皖系，段祺瑞下野，直系入主北京政府。

当南北混战得不可开交之际，章太炎正在生病，病弱的身体拖累着他没有精力去参与介入南北的军事混战中，不过他的政治热情并没有因为生病而减弱，生病反而使他有了思考的时间。他开始意识到，无论是南北之间的纷争，还是南北各自内部的纷争，其实都是因为权力与地位，都是因为中国的政治架构存在着明显的问题。章太炎指出，民国成立以来，九年三乱。最近又有一些军事强人借名护法，图谋割据。对于这些混乱，如果从理论上予以阐释，显然是因为民国以来的政治制度设计存在问题，而这些问题简单地说，就是中央政府地位太高，权力太大，致使总统、总理两个职务成为许多政治强人、军事强人势必争夺的目标。因此，要想平息这些混乱，不是强者吃掉弱者，也不是弱者合起来与强者作对，而是要从政治权力架构上想办法做文章，要让中央政府的权力大幅度减弱，使政治强人、军事强人不再以夺取中央政权为人生目标。

那么怎样才能减弱中央政权对政治人物的吸引力呢？章太炎根据中国历史上的经验，根据近代以来地方自治的经验，根据各地政治强人正在进行的自治尝试，建议联省自治，虚置中央政府，中央政府只具有授予军官勋章的权力。其余一切，中央政府都不得擅自进行拥有。军事权力则分给各省督军，中央政府不得有一兵一骑。外交条约则由各该省督军省长副署，然后有效。币制银行，则由各省委托中央而监督造币，成色审核、银行发券之权，仍在各省。如是，中央政府虽存，等于虚化，相信各省政治强人、军事强人不会有谁还对这样的位子看得那么重，还会放弃各省实际权力争夺这样的空位子。各省自治后，联省各派参事一人，负责监察，而国会亦可不设，则所有内乱或许由此而彻底终结。

章太炎发现的问题是真实的，解决问题的思路或许也是对的。从人性的弱点说，这也许能够化解政治强人对权力的贪婪与无厌。只是在实践中会是怎么样呢？好像谁也不清楚。

四、推动湖南自治

地方自治的思想与实践在中国有着久远的历史，其本质就是章太炎所说的中央与地方分权，减轻中央集权在治理方面的压力。对此，宋教仁也有比较深入的理解和阐释，以为未来中国的政治架构，偏重于中央集权固不宜，偏重于地方分治亦不宜，最合理、最可行的方式就是分权折中，将对外的、消极的各种政务归之于中央，将对内的、积极的、建设的各种政务归之于地方，如此，中央与地方的权力结构或许会达到恰当平衡，有助于民主政治的推动与发展。

然而，理性的分权模式并没有在民国初年获得实现，甚至在辛亥革命过程中出现的各省独立，也没有成为革命党人一度期待的联邦制的基础，中华民国的政治架构基本上没有给地方分权留下活动空间，中央集权的思想渐渐被联邦思想压倒了，一度活跃的地方自治思潮再度潜伏。直到袁世凯大权独揽，各省皆为北洋系的将军、巡按所宰制，国民党被摧毁，进步党也失去了活动的机会，以前反对联邦制、主张中央集权的进步党人，忽然又觉得中国的出路在于扩大各省的自治权，于是地方自治的思潮在思想

谭延闿（1880—1930）

理论界渐渐萌生，并逐渐引起一些政治家的兴趣。

最先将地方自治从理论转化为政治实践的是湖南。这可能因为湖南在维新运动时就有了地方自治的实践基础，陈宝箴主导的湖南新政从本意上说，就是一场地方自治运动，其最初发动就是希望以湖南一省的发展为中国未来复兴预留一个基地。所以当政治发展转变到了 1920 年的时候，愤怒的湖南人将张敬尧驱逐出境之后，以"开明将军"自居的吴佩孚就做了一个顺水人情，同意湖南人进行地方自治的试验。而湖南自治的主导者，也是以文人督军的湘军总司令谭延闿。

7 月 17 日，谭延闿向全国发布通电，宣告湖南自治的宗旨，希望湖南能够通过地方自治超出南北政争之外，能够给湖南全省带来和平，能够使全省人民休养生息。谭延闿的宣言获得了南北各界的同情和支持，这其中也包括章太炎，何况章太炎本来就认为中国应该这样走！

章太炎等南北各界名流的同情和支持，极大鼓励了谭延闿实行地方自治的勇气。7月22日，谭延闿发表还政于民、湘人治湘的通电，宣布以湘政还诸湘人。紧接着，邀请章太炎等各界名流前往湖南，帮助湖南制定省宪法，推动湖南自治运动的开展。

章太炎欣然接受了谭延闿的邀请。10月14日，章太炎在湖南省图书馆馆长易培基的陪同下抵达长沙。谭延闿、赵恒惕等湖南军政长官隆重迎接，给予最高规格的待遇，称誉章太炎为民国先觉、革命元勋，其道德文章久为世人所钦仰，真诚期望章太炎在湘期间指导一切，对于国家、对于湖南，均大有裨益。

在此后的日子里，章太炎通过几次演讲详细阐释了自己对地方自治的看法，以为南北政府目迷五色，莫知适从，中国政治的未来希望不在中央政府层面能否走出一条新路，而在各省能否实现真正的自治。假如每个省实现了自治，各省实现联合，那么不管南方政府还是北方政府，它们存在与否，都不那么重要了，即便南方政府继续存在，各省不妨把它当作罗马教皇看待；假如南方政府倒了，那也就不必再设第二个军政府了。因为军政府本是无用的长物，强权者得之，不过是增加了侵略的利器；无权者得之，不过是谈判的筹码、议和的机关。拿这样的政府去与北方作战，是根本没有用的。

对于湖南省自治，章太炎给予高度评价和鼓励，认为湖南有很好的文化传统，也有很好的士绅阶层，这些士绅阶层在过去曾经发挥过重要作用，与那些完全依靠专制的省份有着明显的不同。这个不同，就是自治的机会和可能，所以湖南的自治要比其他省份更容易，只要将过去的绅权转换为民权，这就往前走了一大步。所以，章太炎希望湖南各界一定要树立必胜的信心，不要妄自菲薄，以为民权断非中国所可行。发奋为雄，向来是湘人的特点，章太炎希望湘人在这一点上发扬光大，继续奋斗，不要有丝毫退却的想法。

五、策动各省共谋自治

　　亲临鼓励和指导湖南自治运动，是章太炎长沙之行的主要目的，但正当他在长沙时，国内形势却发生了重大变化。10 月 24 日，广东军政府总裁岑春煊、陆荣廷、林葆怿、温宗尧等明电宣布撤销军政府，解除职务，并希望召集国会，速谋统一。27 日，桂系军队撤离广州。

　　在得知广州军政府撤销的消息后，章太炎认为应该尽快促动各省相继独立，恢复武昌起义后十四省各自独立的形态，这样自然有助于各省自治。反之，西南各省不能走向自治或联省自治的道路，则势必逐步被北京政府所蚕食。在军政府的命令下，西南各省相继宣布取消自主，轰动一时的自治运动可能由此走向终结。如何稳住湖南乃至整个西南地区的自主自治形势，已成为章太炎最为关切的问题。他在分析了各方面情报后认为，四川取消自主的通电并没有军事强人熊克武的签名，这就意味着熊克武要么不知道联省自治这回事，要么就是熊克武反对取消四川自主。

　　基于这种判断，章太炎一面与张继联名致电熊克武，劝其不要听命于南方军政府取消自主，应该与湖南方面互为唇齿，实行联省自治；另一方面劝说谭延闿以联省自治的主张通电四川全体军官，让他们知道只有实行联省自治，才是解决时局危机的最好办法。

　　事情的结局确如章太炎所分析的那样，四川人对于联省自治的事情确实是闻所未闻。他们看到谭延闿等人的通电后，如大梦初醒，很快意识到如果实行联省自治，就可以不受南北政府的支配，西南大局肯定就不一样了，肯定更加稳固了。

　　在设法稳定四川的同时，章太炎还将精力转向广东。29 日，陈炯明率粤军进入广州，章太炎就在那一天给陈炯明发去一份通电，希望陈炯明顺应潮流，联合西南六省力图自治，以观北方之变。表示军政府本是赘疣，既然已被裁撤，就没有必要再设了。这种军政府对于各省并没有什么帮助，强者得之则为侵略之利器，弱者得之则为乞降议和之机关，对外无法主持对北方的作战，对内无助于境内各省自治发展。所以章太炎竭力反对重建军政府，力主实行联省自治，恢复辛亥倡义原状。

章太炎的通电与广东省内正在兴起的自治思潮遥相呼应，对陈炯明产生了相当的影响。11月初，陈炯明以广东省民选省长的身份郑重发表声明，宣布广东省将坚持走地方主义的路线，今日以后，广东省广东人民共有之，广东人民共治之，广东人民共享之。

在各省自治运动开始之初，人们的关注点就不仅仅在于自治上，而是充分考虑到了国家的整体利益和中央与地方的相互关系问题。对于陈炯明力主的广东自治，湖南方面的谭延闿等人当然乐观其成，但湖南毕竟只是中国的一部分，湖南的驱张运动在很大程度上获得过南方军政府的支持，其自治运动虽然期待包括广东在内的各省共同合作，共襄盛举，但湖南方面毕竟要凭借南方军政府撑腰以与北方政府周旋，所以湖南尽管赞成广东自治，但他们对南方军政府被莫名其妙地取消，无论如何也是难以接受的。11月2日，湘督谭延闿通电声称，军政府为西南集合体，不承认取消，并宣称湖南省实行自治并不是终极目的，湖南自治运动的基本目标是"树联省自治之基"，所以湖南不愿接受任何一方之干涉。

地方自治究竟与中央是一种什么样的关系，这不仅是谭延闿的困惑，也是那时中国人的普遍困惑。为了缓解这些困惑，章太炎向各方面充分解释他的想法，认为联省自治并不是不要中央政府，只是中央政府与地方政府应该有一个明晰的权力分际，有一些归中央管，有一些归地方管，各管各的，互不干涉。中央政府就是一个虚设的机构，地方拥有充分的权力，地方的强势人物不再对中央政府的总统、总理有兴趣，中国的政治纷争必将大幅度减少。这就是章太炎"联省自治、虚置中央政府"的基本构想。

　　根据这些构想，章太炎建议，西南各省军政当局要充分利用南北政府无暇干预的大好时机，放弃各自先前的隔膜与误解，集中精力建设家园，共同努力，保境安民，同依联省自治之名，共解附庸陪藩之诮，不再介入南北两政府内部无聊纷争内讧，不再将南北两政府任何一方当作靠山，独立自主，从容整治，然后联结自治、各省结成自治大同盟。在这种新体制下，各省优势必能充分发挥，邻省之间必能互通有无，取长补短，和平竞争，各自美好的家园必将在这一代人手中建设起来，中国的政治面貌必将有一根本改观。

第八章

政治遗老

按照章太炎的构想，各省自治只是第一步，联省自治才是第二步，待联省自治成功后，第三步就是走上联省政府，重构中国政治版图。然而由于中国政治的特殊性，先前原本一再反对"武力统一"的吴佩孚在以武力征服了湖南之后，也就和其他军事强人一样，开始梦想着"全国统一"和"合法政府"，喧闹一时的自治和联省自治也就完成了自己的使命，北伐、南征、统一，重新成为中国人政治生活中的重要词汇。

一、在南北军阀之间

广州军政府被岑春煊等人宣布撤销并与北方统一后，并没有得到孙中山等人认同。1920 年 10 月 31 日，孙中山、唐绍仪、伍廷芳、唐继尧等以军政府政务总裁名义通告中外，否认统一。紧接着，孙中山率伍廷芳、唐绍仪等自上海启程前往广东，准备在那里重建军政府。

孙中山认为，民国十年，祸乱相寻，实际上并没有达到辛亥先驱所期待的共和境界，十年来的政治效果，不过是将满洲人的统治权转换到了腐败官僚和复辟派手里。在孙中山和南方革命党人看来，北京政府实际不是民国的正统，不代表民国的法统，所以他们南方革命党人要在广东重建真正的民国，要将辛亥革命未竟的事业做成功。1921 年 4 月 7 日，非常国会两院联席会议在广州召开，议决中华民国政府组织大纲，选举孙中山为大总统。

对于章太炎，孙中山当然不会忘记，他在就职前就写了一封热情洋溢的邀请信，真诚邀请章太炎南来，携手共进，共创伟业，重叙数年前携手合作的故事。

章太炎一方面建议孙中山将广东地方自治事务全部交给广东省长陈炯明；另一方面建议孙中山不反对各地正在进行的联省自治。

对于章太炎的建议，孙中山给予积极回应。在随后发表的就职宣言中，坦然承认各省自治的必要性、合理性，认为只有让各省人民完成自治，自定省宪法，自选省长，中央分权于各省，各省分权于各县，这样或许可以使久已分离之民国，复以自治主义相结合，以归于统一，不必再穷兵黩武，祸害百姓。

孙中山的坦然表态在一定程度上消解了章太炎的疑虑，而且孙中山毕竟是要与北方的徐世昌对峙，这在很大程度上合乎章太炎的态度，再加上孙中山的再三恳请，章太炎终于表示有限度、有保留地支持孙中山出师北伐。

此时，北方的奉系与直系正在激烈争斗，全国的政治版图实际上是中央政权与奉系、直系三分天下。奉系的张作霖有意与孙中山联合反对直系，孙中山也觉得与奉系联合具有相当可能性。章太炎想法不同，他对孙中山分析道，直系吴佩孚多谋善战，远过于皖系段祺瑞，断不可小视。目前，南方之所以还能与直系相安者，在很大程度上是因为奉系张作霖在那里牵制着，使吴佩孚无法分兵南下对付南方。尽管如此，奉系对南方的压力还是相当明显，四川已经受到奉系重创，而广东虽然侥幸躲过直系攻击，但并没有达成永久和平。何况奉系、直系之间终有一战，奉系胜了，南方还有机会继续存在；假若奉系败了，也就没有什么力量能够牵制直系了。到了那个时候，南方就很难维持了，章太炎建议孙中山要充分利用三分天下而有其一的形势，好好建设内部，扩充实力，不要亟于北伐。

吴佩孚在直奉战争中轻易打败张作霖，紧接着，吴佩孚自以为羽翼丰满，图谋抬出黎元洪取代徐世昌；同时，以远交近攻之策，派代表到广东釜底抽薪，与陈炯明合作，支持陈炯明反对孙中山，准备以武力实现全国统一。于是陈炯明背叛用武力手段逼退孙中山，孙中山理想中的北伐无疾而终，再度黯然离开广东。

连年的战乱早已引起国内外的反感和不安，直奉战争结束不久，北京知识界接续几年前浙江督军卢永祥提出的废督裁兵主张，呼吁政治家拿出勇气，废督裁兵，召开旧国会，制定新宪法，改良选举制度等。这些建议或许是获得胜利的吴佩孚暗示或指导进行的，但南北重开议和，废督裁兵，重建和平，对于一般百姓而言，无疑是一件早已期待的好事。

然而章太炎却不这样看。他强调，民国兵祸，先后十年，每战一次，军队陡增。现在南北各方军队人数的总和已是民国元年的三倍。由此看来，战争为因，增兵为果，不去战争之源，虽暂时裁兵，并不能从根本上杜绝增兵的大趋势。北京知识界的呼吁，哀音正辞，为民请命，但凡有意识、有感情的人，哪一个不被这样的呼吁所打动呢？不过实事求是地说，中国问题的真正解决必须从根本做起，如果没有根本解决的意识或框架，枝节改良，是没有希望的。章太炎强调，要说裁兵，至少要从这样四个方面做起，否则随意而为，是根本没有意义的。

一是先计分额，后定总额。章太炎指出，中国有22个行省，外加5个特别行政区，这27个行政单位。如果每个行省定编两个师，每个特别行政区定编一个师或一个混成旅，纵或以地域广狭山川夷险略有参差，而大纲要不逾此，总数不过50个师。然则以定存50个师为限，而各个行政单位的份额不加限制，这多者自多，少者自少。多者恃强以凌弱，少者不平而生心。这样的裁兵，正为造攻之本。所以章太炎说，不确定各省各区的兵员数额，空谈什么裁兵是没有意义的。

二是废巡阅使。章太炎说，份额已定，省区军队已均，而有巡阅使在，则一人兼制数省，恃有强权，各省预有戒心，哪一个肯以裁兵自致削弱？所以，不能废除巡阅使制度，任何裁兵的想法都不可能成为现实。

三是撤驻防军。章太炎指出，辛亥首义，各省本自为谋，逮乎袁世凯当国，意存侵略。其后南北混战不已，湖北、江西、江苏、安徽、浙江、福建等省，长时期驻扎有北方军队。这些军队军机不饬，时有驿骚，浚民以生，赋敛无度。向者富庶之区，现在都有入不敷出的情形。夫无形之诛求，甚于有形之杀掠；永久之宰割，甚于一时之战争。南方六省之患驻防军，非但如直隶之患奉军。于是西南几省为了自保，为了抵御北方军队的南侵，又不得不豢养一批军队。所以从章太炎的观点看，裁兵的第三个关键，就是能否将驻防军裁撤。驻防军不裁撤，则东南无旦夕之安，西南也必不肯接受裁兵约定。

四是裁撤中央直辖军。章太炎说，民国以来，战争虽多，皆以中央为祸始，帝国之复兴，国会之解散，其实都与中央政府大量无度增兵有关。现在的北京政府虽然不敢再蹈前辙，而以挟有重兵为总统者，但南北政客其实都有自己的私家武装，都有枪杆子在背后作支撑。所以，要说裁兵，就必须从裁撤中央直辖军入手，否则根本不可能成功。然而从南北军阀实际情形看，这无异于与虎谋皮，是根本不可能的。

在章太炎看来，南北军阀的存在，彻底毁灭了中国政治的一点生机，中国政治从全国、从中央政府的层面看，现在还真的没有什么新的希望，如果一定要说中国希望何在的话，可能还是各省的自治和诸省的联治。

二、在黎元洪与孙中山之间

直奉战争结束后，吴佩孚完全控制了北京政府的权力。大约为了南北统一，他决定恢复民国法统，寻求其政治统治的正当性和合法性，于是北京政府现任总统徐世昌成了多余，而一直躲在租界的黎元洪却收到一个额外的红包，被吴佩孚恢复了大总统的位置。北方政局发生了天翻地覆的变化。

黎元洪一直是章太炎心目中最理想的民国领导人，章太炎一直为黎元洪被段祺瑞不明不白弄下台鸣不平，然而现在吴佩孚让黎元洪复职了，但章太炎却公开反对，认为这中间蕴含着巨大的阴谋。

对于北方政府的这一系列动作，章太炎相当警觉。他认为，吴佩孚和北京政府的这些动作并不是恢复法统那样简单。吴佩孚之所以要废黜徐世昌，是因为徐世昌根本不被南方政府所接受，只要徐世昌在，则南方讨伐无已时，北伐、南征，就是一个没完没了的事情。南方多年来护法，其实就是维护民国法统，更具体地说，就是维护黎元洪合法的总统地位。问题的关键就在废黜徐世昌，请回黎元洪。根据章太炎的说法，吴佩孚将这个意思告诉了孙传芳，孙传芳遂于 5 月 15 日联合一些将领发出通电，呼吁恢复法统，促进统一，请黎元洪复位，召集"六年旧国会"。孙传芳的呼吁获得了北方将领广泛响应，曹锟、吴佩孚等以尊重民意、谋筑国本为名，于 5 月 19 日通电征求对于恢复民国六年旧国会，或召集新国会，或国民会议，或联省自治会议的意见。

曹锟、吴佩孚的通电获得了熊希龄、汪大燮、孙宝琦、王宠惠、梁启超以及蔡元培等政客、名流的广泛响应，以为解决纠纷，当先谋统一，谋统一当以恢复民国六年旧国会，完成宪法为最敏速、最便利的方法。在宪法未成之时，应由南北各省选派代表于适中地点组织会议，协谋解决。独章太炎，对曹锟、吴佩孚的这个通电并不认同，他在复电中以为，今者所患，不在不统一，而在不均平，势不相衡则人思争命，促成分裂，其势必然。前者西南唐继尧、陆荣廷等自称联帅，邻省已不相容。今北方巡阅使与联帅何异，还不都是一个性质？奉系张作霖已去，你们北京政府不反其所谓，依然废除巡阅使，以兵权还付各省，以自治还付省民。存此障碍，而欲借法律以求统一，人谁与之？章太炎毫不客气地指出，恢复旧国会，是谓舞文；召集国民会议，是谓惑众；拥护黎元洪复位，是谓囚尧。如果你们还要讲法律、讲体制，而皆为曹锟、吴佩孚这样的巡阅使作承宣官、代言人，其心已路人皆知，其人岂折简可致。终归一句话，章太炎要求曹锟、吴佩孚先废巡阅使，则这目前种种说辞，都是救国良方；假如不废巡阅使，则这种种说辞、建议，皆为统一之害。

章太炎的这个建议太犀利、太直接了，因为当时担当巡阅使的人都是实权铁腕人物。所谓的北京政权，其实并不在徐世昌或国务院手里，而是掌握在这些巡阅使手中，此时最具权势的有两湖兼领直鲁豫巡阅使吴佩孚、直鲁豫巡阅使曹锟、东三省巡阅使张作霖、热察绥巡阅使王怀庆等。

对于孙传芳5月28日请南北两总统孙中山、徐世昌同时引退，以恢复法统、统一南北的通电，章太炎也给予严厉批评，认为是先有北京政府非法僭称，后南方为了应敌而创建政府，所以，北方伪政府如果能够倒戈，那么南方政府当然也就不会继续存在了。只是孙传芳以恢复法统为号召，实际上是在维护、巩固北洋正统，是以北洋正统作为民国正统。中华民国的法统当然应该恢复，只是绝不是如孙传芳和吴佩孚所说的那样。

章太炎的反对，当然无法阻止北京政府的政治发展进程。6月1日，旧国会议员吴景濂、王家襄等一百多人在天津开会，宣布即日起恢复行使职权，取消南北两政府，驱逐徐世昌，劝退孙中山，另行组建合法政府。

吴景濂等人的做法不是一个简单的议会举动，其背后的支持力量是曹锟、吴佩孚等握有兵权的人。也算是北洋出身的徐世昌心知肚明，只是手中没有可打的牌，也只好乖乖服从。6月2日下午三时许，徐世昌辞职出京，将总统职务交给国务院摄行。总理周自齐立即发出通电，将总统职权奉还国会，表示自己只是暂时以国民资格维持一切，听候接收。同一天，吴佩孚及曹锟领衔十省区通电请黎元洪复职，并由国会议员吴景濂、王家襄等当面敦请。

在获悉北方这些消息后，章太炎急电黎元洪于天津，认为徐世昌虽然下台了，阁下终于有机会复职了，这当然是一件令人高兴的事，也是盼望已久的事。只是这个事情可能还不能那么乐观，北方政府中的将帅过于骄横，阁下的手腕很难控制他们，阁下先前就吃过段祺瑞的大亏，这一点务必应该牢记，不要犯同样的错误。章太炎郑重建议黎元洪，假如一定要恢复职务的话，无论如何都不要在北京复职，应该选择南京或者武昌作为新政府的地址，以免重蹈覆辙，重入牢笼。

对于章太炎的建议，黎元洪或许是发自内心能够认同，但他毕竟只是一个任人宰割的弱势总统，人家让你复职就不错了，你还真的提出什么条件，那显然是不可能的。黎元洪只是礼仪性地以废督裁兵作为复职条件，至于复职地点之类的事情，他连提也没敢提，当然，也许他个人并不这样认为。

对于黎元洪的复职条件，曹锟、吴佩孚、齐燮元、冯玉祥等人迅即回应，发布通电以废督裁兵为首倡，目标就是请黎元洪早日复职。有了这个面子，黎元洪只好于 6 月 11 日由津入京，暂行大总统职权，重建政府，恢复民国法统。

陈炯明（1878—1933）

黎元洪入都就职的消息传来后，章太炎大为震惊。只是他此次震惊不再为黎元洪，而是想到了南方的孙中山，认为孙中山必将遇到大麻烦。

当徐世昌还在台上时，南方孙中山与陈炯明之间的矛盾已经相当尖锐，张继曾为此事向章太炎征询化解良方。章太炎告诉张继说，陈炯明心胸比较小，对孙中山罢斥其职务一定怀恨在心，一定会报仇。只是陈炯明一时还找不到时机，另外就是还有北方政府予以牵制。徐世昌在，陈炯明就不愿背负驱逐领导人的恶名；徐世昌退，陈炯明一定会无所顾忌，孙中山势必处于危机中。

章太炎的分析自然有道理，所以当他获悉徐世昌退隐的消息后，立即预感孙中山所处境况不妙，他旋即亟电孙中山，劝告孙中山辞去那个意义原本就不大的非常大总统。

与此同时，章太炎和张继联名对北方发布宣言，警告北方不要欺人太甚，南北要和解、要统一，北方必须拿出切实的让步。认为"在过去的半个多月里，北方自谓法统恢复，护法的目的已经达到，西南自应服从。这当然只是表面上的言辞，并非真实情形。西南自民国九年以来，实行护法，逮九年湖南克复，主张联省宪法，以后所做的事情，当然不再是护法一端。现在北方军阀政府以护法为挟制西南自谋权利之地，西南为自卫计，决不服从，如北方早自觉悟，宜限半月以内，先将岳州、江西让出；一月以内，再将湖北让出，认湖北为南北缓冲之地，除湖北省民自练军队外，南北各省，不得驻兵。如此切实办到以后，磋商联邦宪法，裁兵废督，自有余地。若执迷不悟，借法律为兕狗，为蚕食之阴谋，西南宁以六省人民殉之，长江各省亦宁以各省人民殉之，不驱逐北洋驻防军不止，断不苟且顺从，草间苟活"。

黎元洪进京复职后，几次电召章太炎前来相助。而章太炎太清楚黎元洪的真实处境了，知道黎元洪既不可能长久执政，更不能有所作为，因而婉言谢绝。不过，章太炎依然将黎元洪视为政治上的知己，将黎元洪看成中国政治的未来和希望，所以当蒋智由对黎元洪的合法性提出质疑后，章太炎不顾两人革命时期结下的友谊，勃然大怒。

蒋智由认为，北方政局变化很搞笑，以为当了几年总统的徐世昌竟然是非法产生，殊不知这是以非法之人筑非法之人，其为非法同一。逐其前非法之人，又迎其后非法之人，均不外非法行为。蒋智由强调，现在南北两政府既然同尊法统，那么就应该回到正轨，一当根由正法，诸非法擅国者，悉以伪科，与盗贼同论。很显然，蒋智由并不认同黎元洪复职的合法性和正当性。这当然使章太炎恼羞成怒，暴跳如雷。

章太炎在6月14日的通函中，警告老朋友蒋智由不要刻意为徐世昌辩护，更不能任意污蔑黎元洪，口作大言，变乱黑白。黎元洪复职并不是他个人自愿的，而是受人强制。吴佩孚兵强气骄，威能震主。所以对于黎元洪此次出山，民党故旧颇有异同，并不一致认同、一致肯定，所以他无论如何不能认同蒋智由虽与吴佩孚立异，但刻意为徐世昌辩护的观点。

对于章太炎的批评，蒋智由当然不能接受。他在稍后的答书中表示，不赞成徐世昌者，国人之同心；不赞成黎元洪者，国人之公论。我蒋智由对于徐世昌、黎元洪两人，同所排斥，电文可检；一则曰徐世昌固为伪，再则曰徐世昌退位固当，三则曰徐世昌退位，万众欣心。我蒋智由哪儿说过祖护徐世昌的话呢？至于刻意祖护黎元洪，我蒋智由当然亦不敢欺其心。是非衡平，皎如白日。必谓今不承认黎元洪的人就是徐世昌的党羽，这肯定是诬我四万万人之公论。欲以"党徐"二字禁止四万万人不敢出反对黎元洪之言，是重钳我四万万人之口，是不是也太霸道了一点？

蒋智由说得应该很清楚了，反对黎元洪并没有什么不可以，黎元洪的地位来路不明，也是大家心知肚明的事，你章炳麟哪来的霸道，就这样祖护黎元洪呢？

聪明的章太炎其实很清楚黎元洪即便当了民国大总统，也不可能有所作为，所以他既不愿意接受黎元洪的邀请，北上充当王者师，也没有对黎元洪给予更高的期待。他在写给黎元洪的信中，只是希望黎元洪大度包容西南各省的联省自治，去来任其自便，此固"我公"黎大总统所能为，而亦人情所至愿。大抵西南各省，视湖南为转移，四川尤以湖南密迩，感情最睦，湖南的赵恒惕与四川的熊克武，一是你黎元洪所救济之人，一是你黎元洪所礼聘之士。所以，章太炎建议黎元洪在主持北京政府时，无论如何都应该放湖南、四川一马，让他们在联省自治方面走得再远些，或许能够为中国的政治发展寻找到一条新路。

对南方被陈炯明赶走的孙中山，章太炎也抱有相当同情。他认为时局还不会就此平静，肯定还有纠纷，所以他邀请孙中山惠然来沪，思考下一步行动。

至于背叛孙中山的陈炯明，章太炎也没有忘记教训他一顿。他在写给陈炯明的信中，明白指责陈炯明的报复心太重。不过现在既然陈炯明大权在握，南方尤其是西南各省的前途也确实会受到影响。章太炎希望陈炯明认清形势，践行自己先前地方自治的承诺，对于西南自治联治各省，无论如何不能有所觊觎、有所不利。

三、大改革议：体制重构

北方的局面因吴佩孚掌权而逼走徐世昌，请来黎元洪，换了一个天地；南方的局面也因此而发生了巨大改变，中国重新走上统一的曙光再现。但对于未来重新走上统一道路的中国应该实行怎样的体制，章太炎又有了新的思考和设计。他在 1922 年 6 月 25 日发表《大改革议》，就是要为中国的政治架构提出一个新的方案。

在这篇文章中，章太炎对当时活跃着的政治人物及政治制度都有非难和讨论，他的观点归纳起来就是坚持联省自治的立场，创建一个联省参议院，在中央政府层面实行委员制。很显然，章太炎的讨论，是准备给黎元洪的政府提供一个体制创新的范本。

章太炎指出，民国秩序陷入混乱，如果从袁世凯的帝制算起，至今已有五年时间了。直到最近，徐世昌下野，黎元洪复职，法统重光，议者犹谓于法未合，不知法虽密合，综不足以弭乱，欲定国本，则必有大改革，必须从根本体制上拿出办法才行。

那么，什么是大改革，什么是根本体制呢？这就是现行的约法，现行的国会，现行的元首制度。现行约法偏重于集权，国会倾于实力，元首定于一尊。过去这些年战乱不已，说到底，都和这三件事有关。章太炎强调，未来中国如果不能就这三件事拿出新思路、新办法，那么战争依然不可避免，中国不可获得一日之安。根据章太炎的看法，辛亥武昌首义，原本各省各自为谋，因而导之，即为联邦之局，而现行约法却与此相反，至《天坛宪法》，虽经增订，使地方权限有所扩大，但亦依然没有联邦之文，其为集权专制之护符，彰彰可见。逆于国情，则桀骜者生心，而寡弱者致死，也就势之必然了。

章太炎说，自1920年湖南提倡自治，西南各省闻风兴起，南方军政府几年前说发起的护法运动，渐为刍狗，渐渐被南方各省所抛弃。1921年，广州国会非常会议曾纠驳湖南省宪法，湖南即有脱离约法之宣言。此事光明俊伟，允惬人意。既然你军政府不能同意我湖南地方自治，那我就离开你好了。根据湖南等省的经验，现在应该允许各省自制宪法，然后再制定联省宪法。各省宪法已成，则约法、天坛宪法也就可以现行废弃了。一省省宪已成，则一省于宪法已可脱离，不必等待联省宪法制定完成。

至于现行国会，参众两院共有八百多名议员，文意未通，许多议员的能力也仅能写票而已，遑论其他事情。论者谓中国无共和之资格，其实主要就是指中国议会中议员太多太滥，贤愚杂沓，纷呶一堂，其间当然不能说没有优秀秉正不阿者，只是屈于多数，这些优秀之士也就毫无办法，所以议会体制不改革，议员人数不大幅度下降，这种体制害多而利少，是确定无疑的。就拿最近几年的例子来说，这种体制只能有助于独裁者，有助于政治势力绝大者。几年来的国会历史，证明了这种体制下的国会，竟然成为藏污纳垢的渊薮，国会议员竟然成为趋势善变的政治小人，这样的人，怎能担当起国家大事的重托呢？在章太炎看来，国会制度不改革，就不可能为中国找到一条政治上的新路。

章太炎根据南北两政府议会几年来的经验教训，认为将议员的责任下移，制定省宪法，当由省议会或各法团任之；联省宪法，当由省议会议员任之。自此以后，乃设联省参议院，而现式可永断。一省说选不过三五人，既无贤愚杂沓之病，自少趋势善变之人，较之过去十年所实行的几种议会制度应该更为合理、更为有效。

至于民国建立以来的元首制度，章太炎认为也有很多问题。根据章太炎的分析，现行的民国元首制度，以大总统一人莅政，势必孤注，为殉权者所必争。民国仅仅十年，就发生了那么多战乱，几乎每一次战乱都与攘夺这个大位有关。即便是到了袁世凯之后实行内阁制，争夺大位和总理的战乱也一直无法平息，内阁专权与总统专权，其害并没有什么大的差别。换言之，原本民主共和的政治体制竟然招来大位之争如此剧烈、如此惨烈，这比帝王专制时代争夺大位还有过之而无不及。五年任期结束，必有喋血之争，这种争夺一点不比专制时代争夺大位缓和。民国的总统制、内阁制既然有着这样不易克复的问题，那就应该想想问题究竟在哪里。章太炎指出，不把总统、总理之类的大位彻底废除，这种争夺永远都不会结束，鱼烂及于四方，人民终究没有一个能够幸免。从民国的历史看，能够夺得大位的不外乎这样三种人，一者枭鸷者，二者夸诞者，三者仁柔者。大总统之职不废，枭鸷者处之，则有威福自专之患，而联省或为所破；仁柔者处之，则有将相上逼之虑，而联省不与分忧；夸诞者处之，势稍强则或与枭鸷者同，势稍弱则又与仁柔者同。当选者不管是谁，只要有枭鸷者在，那么谁有本事与之争锋，谁又能有本事争得过他呢？

根据章太炎的分析，逻辑结论就是从体制上不再设立这样的总统或总理，不再给那些枭鸷者任何机会。这样就可以免去各种政治野心家、军事强人为争夺大位处心积虑、不顾人民死活的状况发生。

当然，章太炎并不是一个彻底的无政府主义者，他知道现代社会依然需要管理，他的建议只是废除总统、总理这类最容易集权的个人职务，而在中央政府层面以委员制替代个人集权的总统制或总理负责制。章太炎认为，以委员制行之，员额既多，则欲得者自有余地；权力分散，则枭鸷者不得擅扬；集思广益，则夸诞者不容恣言，仁柔者不忧寡助。即便是到了选举的时候，则争不至于甚剧；及其履行职务，则乱不至于猝生。自是而后，兵祸消弭。如犹狃于现状，不能毅然改革，中国的政治动荡仍然很难从根本上杜绝。

章太炎的这篇《大改革议》后经删润为《弭乱在去三蠹说》，以约法、国会、总统的"三蠹"，以为约法偏于集权，国会倾于势力，总统等于帝王，引起战争，没有比这三蠹更厉害、更直接的了。欲为现代中国，为中华民国弭祸乱，中国就必须进行大改革，必须重建新体制。而这种改革、这种重建，在章太炎看来就是要彻底从体制上消除三蠹存在的空间，三蠹不除，中国无一日之安；除了三蠹，中国或许能够进入一个长久的政治清明期。而这个政治清明期的重要支撑，就是各地的自治、联省的自治。地方议会决定着中国的未来，中央政府成为一个摆设、一个象征，政治强人回归乡土，那么为大位而发生的政治斗争、军事冲突必将大幅度减少。

四、与北方军阀周旋

联省自治是章太炎 1920 年前后那个时期坚定不移的政治目标，他的这个目标就是要将权力重心下移，使省级政权实体化，如果用一个并非完全恰当的比喻，大约有点类似于美国的联邦政治架构，能够下放到各州的权力一定不要收归中央，一定要使中央政府虚置、空洞，不再对那些政治强人有吸引力。所以当黎元洪复职后，章太炎没有前往北京充当大总统的王者师，反而利用与黎元洪的特殊关系，要求黎元洪不要向南方用兵，不要影响南方各省的自治和联省自治，而且要求北方政府将沿江各省驻防军主动撤回，听任南方各省自为自治。批评北方军事强人吴佩孚雄心未已，总是期待以武力征服南方，统一中国，力劝吴佩孚放弃这种不切实际的幻想，从速戢兵，还给各省人民自由选择的权力。

吴佩孚在请出黎元洪、辞退徐世昌之后，也期待能够使中国政治走上一条良性发展的道路，只是他的这条道路与章太炎的期待不一样。吴佩孚认为，联省自治为豪强割据，并非中国发展方向；废督裁兵确实是应该的，但必须在南北统一之后方可进行。凡此种种，均与章太炎的政治理念直接冲突。

1922 年 8 月 1 日，直系军阀控制的旧国会在北京召集会议，宣布中国恢复秩序拟从制宪开始。紧接着，北京国会召集第一次宪法审议会。对于北京政府的政治选择和制宪活动，章太炎表示反对，他认为如果从民国法统层面说，北京国会其实是一个不合法的机构，并没有权力去制定宪法。8 月 10 日，章太炎致电西南六省，要求各省一致否认北方的这个国会，因为倡乱凶人，蟠踞国会，全体徇庇，同入乱流，以六省汗血之劳，为乱党弄权之地。宜一致将该国会合法性予以否认，使其所制定的法律、从事的选举归于无效，以儆奸宄而奠国常。

章太炎当然并不是绝对反对统一，但他主张统一的同时不能无视各地发展的独特性，应该给各地自治留有充分的权力，力主恢复到辛亥武昌首义之后的全国情形，其实是建议实行联邦体制。对于中央政府，章太炎力主削弱大总统、总理和国会的权力，力主将能够放到地方的权力都交给地方。至于中央政府的权力架构，章太炎主张实行委员制，所以在上海参加国是会议、国宪草议委员会等会议时，充分阐释自己的观点，并耐心解释行政委员会的构成、意义及目的。在他的坚持下，上海的八团体国是会议、国宪草议委员会经过十多次讨论，终于形成了两份宪法草案，一份被称为"甲种方案"，仍保持大总统及国务院体制，另一份被称为"乙种方案"的宪法草案则采纳了章太炎的建议，改用行政委员制。章太炎还在那段时间通过各种方式表达一定要在这份宪法草案中为地方自治预留空间，一定要充分容纳联省自治的精神；如果国会通过的宪法与联省自治精神相违背，则无论所定宪法如何决不承认的态度。

　　当章太炎和一批宪法信仰者正在热情讨论宪政相关问题时，中国的政治局势正在发生着急剧变动。在南方，因"陈炯明叛变"而下野的孙中山于8月14日由香港抵达上海，黎元洪先后两次派人到上海迎候并请孙中山北上。第二天，孙中山发表了一份宣言，自述护法经过及陈炯明叛变始末，表示今后将继续奋斗。在谈及统一问题时，孙中山强调，当以合法国会自由集会，行使职权为达到目的。如此，则非常之局，自当收束。继此以往，当为民国谋长治久安之道。一时间孙中山成为各种政治势力竭力争取的对象。不仅黎元洪希望孙中山到北京合作共事，北方政府的曹锟更是派遣其旅长孙岳以到上海看病的名义与孙中山接触，大意是希望拉孙中山站到北方政府一边来，拟让孙中山当大总统，曹锟为副总统，大总统出洋历聘，副总统代之。而以孙洪伊为国务总理，阁员名单，则以孙中山、孙洪伊"二孙"党人分配。

这些消息究竟是真是假，其实谁也说不清楚。只是根据章太炎的记述，孙岳到了上海之后确实受到孙中山一系国民党人的欢迎，上海国民党人日与宴游，其平日感慨之气，莫不化为和平，摧刚为柔，绝非偶然，这不能不引起章太炎的警觉。章太炎是黎元洪的铁杆，他当然不希望孙岳代表曹锟的政治活动影响黎元洪的地位。

章太炎的猜测应该有点根据，而其态度也是毫不含糊地向外界表露。或许是要堵住章太炎的嘴，或许事情的真相并不像章太炎猜想的那样，孙岳在友人赵铁樵的邀请下，于 8 月 21 日专程前往章太炎的寓所拜访。不料章太炎根本不给面子，见面就破口大骂，怒斥孙岳为蒋干，为宣抚使，挥之使出，根本不愿谈话。章太炎的意思，大约就是不希望看到孙中山与曹锟合作。

对于章太炎的怒气、谩骂，孙岳并不畏惧，他在章太炎向报界透露此事的第二天，就在《申报》发布了一个宣言，反唇讥斥章太炎不过是"北京某当局"豢养的小丑，章太炎之所以那样敏感，主要还是担心孙岳在上海的活动会对"某当局"之地位有所不利，章太炎的过度反应，不过就是

曹锟（1862—1938）

要博豢养者的欢心，借可稍获刍秣。而这个"北京某当局"，显然是指黎元洪。再联想到那几天黎元洪发布大总统令，授勋给章太炎。孙岳的宣言犹如一石激起千层浪，在南方舆论界引起了一片混乱。

孙岳的这些说法当然有道理，不过章太炎也并不像孙岳所说的那样龌龊不堪。对于孙岳的讥讽，章太炎坦然相对。他在稍后接受记者访问时，再度详谈了授勋的来龙去脉。他不仅否认孙岳的无端指责，而且说自己之所以被授勋，主要还是北京政府实权人物吴佩孚的主动，含有交换的意味，因为吴佩孚反对联省自治，而我章炳麟力主联省自治，所以吴佩孚像袁世凯当年一样为了羁縻而授勋。很显然，章太炎的解释并不具有足够的说服力，因为当时主张联省自治的很多，各党各派都有，为什么只表彰你章太炎一人呢？

章太炎的解释不可信，但章太炎对黎元洪地位的担心，对吴佩孚、曹锟等人的政治野心的预言还是有远见的。只是他预见曹锟将与孙中山合作没有实现，而之所以没有实现，其实是别有原因的，因为孙中山此时已开始与苏俄接触，走上了另外一条道路。

翌年（1923年）6月6日，张绍曾受曹锟指使，为倒黎，而率内阁辞职，理由是黎元洪拒绝为内阁人事任命案用印，破坏了内阁权限。第二天（7日），陆军检阅使冯玉祥、京畿卫成司令王怀庆、步军统领聂宪藩以及警察总监等率所部军警官佐五百多人在北京闹事，理由是内阁无人，军饷无着落。8日，曹锟收买流氓乞丐组成"公民团"游行示威，并包围黎元洪住宅。9日，首都警察全体罢岗，以索饷逼迫黎元洪辞职。12日，冯玉祥等向黎元洪辞职，表示不再负责首都的治安保卫。

黎元洪当然知道这场风波的背后原因，但依然进行最后一搏。6月7日，黎元洪发布通电说明府院冲突的真相，并派员前往天津敦请张绍曾复职。张绍曾当然不会轻易答应复职。不得已，黎元洪转请顾维钧、颜惠庆组阁，也均失败。6月10日，被军警官佐、"公民团"团团包围的黎元洪终于放弃抵抗，以可怜的口吻向曹锟、吴佩孚急电求救，强调我黎元洪依法而来，今天可依法而去，60岁老人，生死不计，尚何留恋？只是军警等如此行为，是否必陷我黎元洪于违法之地？请曹锟、吴佩孚就此给个说明。

曹锟、吴佩孚要的就是这个结果，他们当然不会给黎元洪什么说明。而在南方的章太炎却对北京局势格外关注，6月11日，他通过总统府秘书长转告黎元洪，建议任命李根源署国务总理、金永炎代理陆军总长以收拾残局。

黎元洪接受了章太炎的建议，请国会任命李根源和金永炎。但是他个人实在无法承受军警官佐及流氓的骚扰，于13日被迫离京，并被迫签发了一份辞职通电，交出了总统印信。

对于北京政治的混乱，章太炎给予严厉谴责，当然也继续为黎元洪、李根源出谋划策，争取翻盘。6月17日，章太炎致信李根源，建议此时务必要与段祺瑞等实力派切实携手，对于北京现存国会必须宣布为非法，不得制宪，不得选举，以维护民国法统正当性。同一天，章太炎还致信黎元洪，提出两条办法，一是当与段祺瑞切实携手，外借奉天张作霖之力，远借西南之声，持之数旬，必当有济。国会既不能开于租界，应筹一巨款，花钱将这些国会议员送到上海来，大约以300人为数，一人1000元，不过30万。如此国会虽不在天津，而京城必不足三分之二。二是如谓必不成者，亦当以复仇为念，段、张等任其自行其是，而钱送国会议员来上海仍须切实进行。章太炎认为，当下最大目标应是集中精力反对曹锟，无论如何不能让其当上总统，所以必须保证国会不被直系控制和操纵，应该想法将议员送到南方。他还反复劝说黎元洪离开天津南下，到上海重组新政府，以与曹锟、吴佩孚抗衡。

黎元洪对于章太炎的许多建议都言听计从。6月19日致函国会，声明其职权并未经过国会正确之解免，无论以何种途径选举继任，概为非法。

然而对于南下重组政府，或者前往东北依附张作霖重组政府的建议，黎元洪始终没有正面回应。时间就这样一天一天过去了，眼看着直系官僚动用各种手段为曹锟当选大总统进行着活动。

困守北方大概确实没有出路了，黎元洪于 1923 年 9 月 9 日携李根源自天津南下上海，与章太炎、唐绍仪、李烈钧、岑春煊等取得联系，希望动用各方面力量阻止曹锟当选。章太炎一再发表文章揭露曹锟在历史上的罪恶，动用各种关系阻止在北京的国会议员被曹锟收买，然而这一切根本无法奏效，直系军阀还是很轻松地用银子将那些议员搞定。10 月 5 日，吴景濂包办的国会选举将曹锟选为大总统，只是这场犹如闹剧的选举被视为贿选。

曹锟贿选成功的消息传到上海后，章太炎怒不可遏。他向报界发表谈话，声讨曹锟，认为如此身触刑典罪迹昭著之人，无论如何不能为我中华民国大总统。

北京方面的所作所为已经令人彻底失望，章太炎转而期待西南各省以护法戡乱相团结，或许应该在西南再设军政府，或各省攻守同盟，不再承认北京政府的正当性、合法性。

五、统一与分治的纠结

在与北方军阀周旋的同时，章太炎也与南方政治势力保持着各种各样的联系，并时常因为各种各样的原因发生冲突。

陈炯明叛变，孙中山被迫回到上海时，章太炎并没有对孙中山给予适度同情，反而批评孙中山。及至孙岳代表曹锟前往上海与孙中山和国民党联系，更是受到章太炎的怒斥。章太炎不仅大骂孙岳，顺带连着孙中山一起批评。

其实，章太炎根本不知道孙中山此时的思想变化，不知道孙中山那段时间真正在做的事情是什么。所以，孙中山的政治追随者对章太炎的批评严加驳斥，认为章太炎的言论不近情理，向壁虚构。孙中山的追随者认为章太炎对孙中山的攻击，主要是出于维护黎元洪的需要，担心孙中山、曹锟、吴佩孚联手推翻黎元洪。

章太炎的认识当然是不对的。孙中山此时的思想正在发生巨大变化，他在苏联代表和中国共产党人的影响下，开始考虑国共合作，试图用一种全新的手段推动政治改革。这是章太炎根本不知道，也根本无法理解的。1923 年初，中国国民党在上海召开了大会，大幅度调整内外政策，革命形势日趋好转。2 月 15 日，孙中山又返回广东重建大本营，就任大元帅职务，中国的政治格局随之发生重大变化。

对于国民党方面的这些变化，章太炎好像处于乐观其成的立场。因为当他得知北京政府有意下令否认孙中山称大元帅的消息后，迅即致电李根源，认为此事徒挑衅隙，怨归当局，利归他人，他请李根源想办法让政府打消这个念头。

章太炎当然不能同意孙中山对地方自治和联省自治的反对，但在许多大的政治关节上，他们在许多时候也有相同或相近的立场。1923 年 4 月，北方政府准备以和平统一为理由挑拨南方各省关系，使西南各省人人自危。凡此，在使西南各省凛于非内部团结不足以图存，于是粤、湘、滇、川、黔等省驻沪代表，乃有西南重新团结之动议，章太炎也从中斡旋甚力。协议既成，乃推章太炎起草通电，草成以原电寄示孙中山，一面由各省代表请示本省当局。后各当局复电均表示赞成，唯孙中山首次复电，尚持犹豫，不知各省当局是否出于真诚。当由各省代表联名复电给予肯定答复，孙中山乃复电赞成。章太炎与孙中山因反对北洋的共同目标又走到一起了。他们在这份通电中表示，自今以后，我西南各省决以诚相见，共议图存，弃前事之小嫌，开新元之结合，分灾恤患，载之书简，外间内谗，一切勿受，兵为防守，不为争权，虽折冲疆场，为义兴师，而终不背和平主旨。

西南各省的军事强人一般地说来都比较尊重章太炎，他们对章太炎的呼吁和建议都比较看重。当这个联名通电发表后，贵州省长刘显世就派遣专人持函前往上海谒见章太炎，询问对于贵州局势的意见。章太炎对刘显世的代表详细分析了北方军阀密谋扰乱西南大局的情形，建议刘显世和西南各省无论如何都要捐弃小嫌，以求自卫。

由于章太炎政治态度的变化，孙中山的政治追随者也与章太炎重叙友情，留守在上海的一批国民党人不时找机会与章太炎相聚，就各种问题交换意见。另一方面，章太炎也将孙中山和南方革命势力作为奥援，作为支持黎元洪的力量，所以当黎元洪被曹锟、吴佩孚排斥出京后，章太炎在第一时间就考虑利用他与孙中山及西南军事、政治强人所建立的关系，为黎元洪呼吁，联合起来要求国会议员根据大法，力持正义。期待西南军事强人团结起来，以拥护自治，捍卫西南，内以自固疆圉，外以解决国纷。

在反对北洋军阀的斗争中，章太炎与孙中山结成了比较一致的政治联盟。到了1924年初，国民党一大召开后，孙中山接受中国共产党的主张和建议，重新解释三民主义，决定改组国民党，允许共产党员加入。这在章太炎看来，是不应该有的左倾，于是，章太炎与孙中山之间原本稍微和睦的关系又在发生着微妙的变化。

孙中山思想左倾后，革命事业如虎添翼，蒸蒸日上，筹办了黄埔军校，创办了新型军队，一方面调动这支军队平定广东境内，稳固后方；一方面誓师北伐，准备以武力征服北方，统一中国；另一方面加紧与俄国、中国共产党合作，扶助农工，开展工人运动、农民运动，南方的革命运动引起了举国震动，一片欣欣向荣的景象。这一系列变化增加了孙中山在中国政治生活中的分量，成为南北政治抗争中最为重要的政治人物。

此时的北方，政治格局也在急剧变化着。第二次直奉战争爆发，吴佩孚的部下冯玉祥被奉系张作霖收买，发动首都革命，大总统曹锟逃往荷兰大使馆，吴佩孚兵败南下，冯玉祥、段祺瑞、张作霖联合控制了北京政局。

对于北方政局的变化，章太炎给予着高度关注。但是他认为不论北方由谁执政，在目前的政治条件下，为了中国政治良性发展，为了中国经济能够有个很好的发展环境，都不必急于统一。中国还没有诞生出一个合格的领袖，在这种历史条件下，则统一不如分治。这就像一个大家庭一样，兄弟分家过日子，既少了内讧，增加了亲情，而且各人的干劲也比较大，过日子的劲头也比较足。所以，章太炎此时对于孙中山在南方发动的北伐，对于段祺瑞在北方发动的和平统一攻势，都保持着警惕，持反对立场。反对段祺瑞利用和平的、武力的任何手段去统一中国，宣布南北分治是中国最好的政治出路。

章太炎的这些想法，并没有得到政治家们的呼应。段祺瑞在冯玉祥、张作霖的帮助下控制北京政局后，立即发动和平统一的攻势，邀请孙中山北上共商国是。这当然就是谋求和平统一。

南北分裂自袁世凯死后到这时已有好几年时间了，重建统一也许是中国的一个选择。此前各种势力尝试过各种方法，都没有成功，现在段祺瑞有意通过谈判获得和平统一，且有意与孙中山展开正式谈判。孙中山心中很清楚，中国的政治中心在北京，只有在北京进行革命，才是真正意义上的"中央革命"。所以孙中山对段祺瑞的邀请欣然接受，劝说一些持不同意见者理解他北上谈判的意义。

当孙中山扶病北上到上海后，章太炎与国民党右派在冯自由、居正、田桐、马君武等人怂恿下，领衔发表《护党救国宣言》，认为国是不定，由民党涣散之故，所以犹有余烬者，则同盟会精神未尽磨灭，阴与维持，而受之者身不自觉。假如同盟会尚在，凡民党在朝在野，必定不会像现在这样人心涣散，斗志消解，所以他们号召同盟会旧人团结起来，重新集合。

他们的政治主张就是与孙中山唱对台戏，就是要反对孙中山在改组国民党过程中对三民主义的重新解释，尤其是联俄、联共、扶助农工的三大主张。

章太炎等国民党右派的反对当然没有阻止孙中山北上的步伐，没有使孙中山的决定受到太大影响。然而不幸的是，孙中山北上不久就病倒了，段祺瑞、孙中山主导的南北和谈及善后又面临着巨大变数。

政局变动，特别是孙中山病危的消息毫无疑问引起了章太炎等人的焦虑和震动。为了应变，为了与"后孙中山时代"的国民党左派相抗衡，章太炎与唐绍仪、张继等同盟会旧人合作，于1925年2月发起成立"辛亥革命同志俱乐部"，以防止孙中山去世后国民党内的共产、国民两派斗争，影响中国大局。按照章太炎、张继等人的设想，这个"辛亥革命同志俱乐部"盖并光复会、共进会及滦州派与同盟会同冶于一炉，然后不嫌狭隘。至于追随孙中山正在北方的那些国民党人是否加入，他们也希望尽量团结，守望相助。

"辛亥革命同志俱乐部"其实只是一个松散的联盟，只是一个谈话会、俱乐部，他们不过每星期聚餐一次，吃顿饭，聊聊天，交换一下意见，好像还不能算是一个严格意义上的政党。不过，在唐绍仪、章太炎等人心目中，是准备将这个组织当作政党进行经营的，唐绍仪甚至建议将这个俱乐部命名为国民党，后因许多人担心与已有的孙中山国民党相混淆，故没有使用。还有人建议恢复使用同盟会旧名，也因各种原因没有被采纳。后来又将其中的"革命"二字去掉，以"辛亥同志俱乐部"更方便包容同道者，像北方的张绍曾、冯玉祥等都相继加入，一时间成为国内相当有影响的政治组织。

孙中山扶病北上，与段祺瑞共商国是，是民国政治的一大转折，也是对章太炎"统一不如分治"思想的重大打击，所以章太炎不遗余力予以反对，什么"护党救国"，什么"辛亥同志俱乐部"等，都是将目标锁定在南北议和、走上统一这个大题目上。很显然，章太炎此时的思想渐渐脱离了社会主流，逐渐以一个"民国遗老"或"文化逸民"的身份在发言、在活动，其影响力也就渐渐减弱。

一、军阀们的座上客

章太炎是一个性情中人，喜怒哀乐挂在脸上，不掩饰、不做作。再好的朋友，说翻脸就翻脸；再坏的敌人，说友好就友好。他原本刚刚与孙中山和南方革命党人关系缓和下来，却又因孙中山向左转而闹翻；他原本与北方军阀闹得很僵，却说好就好，很快成为军阀们的座上客。中间几乎不需要转圜，不需要情绪的酝酿，一切都来得那么自然。

段祺瑞（1865—1936）

当北京政变发生，段祺瑞执政府成立后，章太炎对段祺瑞严厉谴责，批评段祺瑞是一人独治，是中国动乱的根源；指责段祺瑞继承袁世凯等北洋一系陈旧的政治理念，时刻不忘武力统一，不忘武力征伐；劝告段祺瑞如果真有心将中国带上一条法治民主的轨道，就应该将各省自治权还给各省，将北京政府派驻各省的驻防军一律撤走，或者划拨给各省。

章太炎的批评并没有使段祺瑞愤怒，恰恰相反，段祺瑞发自内心地认为章太炎是个人物，值得尊敬，所以他在上台后根本不介意章太炎的批评，反而真诚聘请章太炎为执政府高等顾问，有意借助于章太炎的政治智慧和政治见解。然而，章太炎太不给段祺瑞面子了，他竟然将这份聘书原件掷回，声称自己只愿以在野立场发表意见，批评政府。

在段祺瑞看来，章太炎的表现太可爱了，段祺瑞不但不生气反而很高兴。紧接着，段祺瑞在准备召开解决时局争端的"善后会议"时，依然郑重邀请章太炎以社会贤达、社会名流的身份列席会议。然而由于孙中山此时不愿附和段祺瑞的善后会议，另提召集国民会议，西南各省重要人物追随孙中山之后不便参加，因此章太炎也不便参加了。他对段祺瑞的代表曾毓隽表示，段祺瑞的执政府本无法律依据，与西南政府没有两样，西南、北京两个政府乃敌对的两个实体，而非主属或从属关系，我章炳麟参与西南政府的各项事务已经很久了，即便与西南政府内诸公有争吵、有分歧，但从做人的层面说，现在也不宜去西南而就北京。从这段话推敲，章太炎对于段祺瑞的善后会议，似乎有了一点点可以理解的想法了。只是碍于政治现实而不便进行而已。

当然，章太炎的根本思路并不会跟着段祺瑞转，他还是希望中国能够两分天下或者三分天下，他不太赞成段祺瑞的善后会议，也不认同孙中山的国民会议。他认为，如果公平看待中国政治，应该承认南北两个政府都有自己的依据和法理，现在执政府如果真心推动中国政治发展，就应该视南北两政府为平等，即便要开什么善后会议，也应该选择两政府交界的地方比如武昌、岳州等处，这或许具有一定的可行性。如果以中央的姿态指手画脚，将会议地点定在北京，是乃屈一就一。纵西南诸省或许有一二卑屈者前往附和，那我章炳麟确实没有必要去拍这个马屁。

章太炎对南北两个政府都多少有点不信任，他的期望还在第三条道路。不过或许是因为军阀们对章太炎越来越尊重，所以章太炎对他们的看法也在悄悄改变，逐步或不知不觉地成为各路军事强人的座上客，与陈树藩、孙传芳、赵恒惕、萧耀南乃至吴佩孚等打得火热，称兄道弟，互有好感，尽管这些军事强人不再在政治中心，但章太炎大概确实希望他们能够为中国走出第三条道路，找出南北两政府之外的中间路线。

所谓第三条道路或中间路线，其实还是地方自治或联省自治。所以当湖南省长赵恒惕邀请章太炎前往长沙主持县长选拔考试时，他欣然应命，风尘仆仆一路奔波，非常乐意为赵恒惕"澄清吏治，昌明内政"，只是他为这次考试出的两道论述题稍嫌陈旧，一道是《宰相必起于州部》，另一道是《问区田防旱，自汉至清皆有成效，今尚可行否》。

往返途中，章太炎于1925年9月24日、10月15日两次在岳州会见吴佩孚，密谈良久，建议吴佩孚先去障碍，后论法律，以为联省自治足以"阻止"共产主义在中国的传播，在联省自治未成立之时，应以约法、国会为过渡；建议吴佩孚以长江划界，南北分治，北方仍以段祺瑞为临时执政，但不要越界干预南方的自治或联省自治。

吴佩孚是北洋系中较为知书达理、明白事理的将领，并非一介武夫，他对章太炎的建议言听计从，有意挽留章太炎在军中任总参赞，一起为国事尽力。章太炎谢绝了吴佩孚的好意和邀请，表示愿意以国民资格赞成义举，并请吴佩孚在任何时候都要记住这样两件事，一是顺从民意，处处以国家、民意为重；二是牺牲个人权位。如此而做，你统帅的十四省讨贼联

吴佩孚（1874—1939）

军就会在反对奉系、讨伐奉系的战争中无往而不胜。

从此前反对吴佩孚到现在支持吴佩孚，从此前反对段祺瑞到现在默认段祺瑞，从此前一直强调维护民国法统到现在不再刻意强调倒段，默认段祺瑞临时执政。这一切变化，在章太炎那里都有理由，都是顺理成章。他自以为在与军阀的交往中如鱼得水，他甚至以诸葛孔明再世的感觉指点江山，布局天下，以为南方多年来强调的民国法统早已不被人民所接受，再以法统去推翻段祺瑞的强势统治也就不算明智或理智，反而可能使奉系假借其名而入主中原，破坏大局，所以他支持吴佩孚联合各省力量出兵讨伐。章太炎充满自信地认为今天再也不要谈论什么法统、什么护宪了，各军事强人如果能够守住各自地盘，不让外部势力侵入，分而治之，或许就是一个最好出路。

二、"最后的责任"

1925 年 10 月 27 日，章太炎从长沙返回上海。第三天即 10 月 30 日，他在上海国民大学发表了一个演讲，题为《我们最后的责任》。

在这篇演讲中，章太炎说，国民大学的成立，原本是因为研究国学和反对复辟，这两件事情其实是一而二、二而一的。我章炳麟过去主张倒清，所以要研究国学；因为我们研究国学，所以要推翻清朝。研究国学与推翻清朝，表面上看是互不相关的两件事，其实就是一件事。现在各位反对江亢虎的复辟阴谋，组织国民大学，这是一件很光明的事。

章太炎指出，江亢虎的复辟已成为过去，不必再说，现在所要"反对"的，就是来自苏俄的共产党。

由于自身一定局限，章太炎对共产党有着一种天生的偏见。他"反对"借助俄国人力量去策动革命，这就是章太炎说的所谓"最后的责任"。

如果从传统革命史观进行观察，章太炎的这个说法无疑是反动的，是对苏俄支援中国革命的误解或不理解。但是如果将章太炎的认识放到一个长时段进行考察，就不能不承认他的这个观察也有其合理性。根据已经解密的共产国际史料，那时的中国革命确实是来自俄国人的帮助，如果没有俄国人在政治上、经济上的帮助，不仅没有后来的共产革命，甚至也不会有"后孙中山时代"的广东革命气象和有力量的北伐。

当然，正像许多研究者早就指出的那样，章太炎的"反共"言论有复杂的原因和背景，既有南北军政强人的煽动，也有国民党右派在其背后的指使行为。在孙中山逝世前后，国民党内部发生了巨大变化，因为孙中山的左转，国民党内相当一部分人持反对立场。这批人中与章太炎走得最近的有冯自由。

冯自由是冯镜如的儿子，而冯镜如是孙中山革命的最早赞助者和追随者。受乃父影响，冯自由在14岁，也就是1895年时加入了兴中会，是兴中会早期年龄最小的成员，有"革命童子"之称。所以革命成功之后，冯自由就是国民党名副其实的"党国大佬"。

十月革命之后，经历过艰难挫折的孙中山看到了新的希望，意识到中国革命要想成功，必须走俄国人的路。孙中山的想法与苏俄政府的想法比较吻合，于是在俄国人的推动下，孙中山和刚刚成立不久的中国共产党合作，制定了联俄、联共、扶助农工三大政策，重新解释三民主义，建构了以反帝、反封建为主导的民主革命理论。

更重要的是，在俄国人和中国共产党人的影响帮助下，孙中山于1924年改组国民党，实现国共合作。冯自由参加了这一次代表大会，但他坚定地反对国共合作，反对孙中山联俄、联共、扶助农工的三大政策，反对孙中山对三民主义的重新解释。

冯自由的反对当然无法阻止孙中山前进的步伐，由此，冯自由在国民党内逐渐边缘化、反对派化，他不再是国民党中央执行委员。他开始和国民党右派打成一片，制造国共不和。

孙中山被国民党内的左派所包围，而他个人也确实对中国共产党中的年轻领袖如陈独秀、李大钊等个人人品及能力赞赏有加。国共合作在热烈地进行着，但确实潜伏着相当危险的因素。孙中山去世后，这些危险的因

冯自由（1882—1958）

素浮上台面，冯自由与邓泽如、张继、谢持等人组合成"西山会议派"，公开反对孙中山三大政策，通过一系列"反共"决议，为后来的国共分裂埋下了一定的隐患。

冯自由、张继等人都是章太炎的老朋友，他们在许多政治理念上意见相近。冯自由的许多政治活动都与章太炎有过沟通和交流，在反对孙中山、"反共"等问题上，章太炎很容易与冯自由达成一致。

三、与新军阀的恩怨情仇

20世纪20年代是中国政治急剧变化的时期。这个时期的章太炎观察中国政治走向，提出自己的政治观念。

1925年11月，奉系将领郭松龄滦州倒戈，发表反奉宣言，率7万大军攻占山海关，夺取绥中、兴城等战略要地，冲破连山防线，占领锦州。奉系主力不得不退出关内，撤回关外。当时，张作霖的五虎上将之一李景林以直隶省长的身份发布通电，宣布为了保境安民，呼吁张作霖下野，实际上是配合郭松龄的行动。

张作霖的奉系退出关内，使北京的政治局势发生了变化。段祺瑞的执政府失去了奉系的有力支持，反而陷入冯玉祥的国民军以及郭松龄、李景林的包围之中，地位不稳，面临着多种可能。

北方政局的变化引起章太炎极大关注，段祺瑞地位不稳使章太炎很快想到民国法统，认为此乃天赐良机，是黎元洪重新出山取代段祺瑞、重建民国法统的最佳时机。

章太炎的这个想法并不是孤立的，当时具有这种想法的人相当普遍，他们也都知道章太炎与黎元洪有着不同寻常的关系，所以那些主张拥戴黎元洪再度出山的人士络绎不绝前往章太炎寓所商谈，寻找解决办法，以正法统。

黎元洪出山或许是解决时局困境的一个选择，只是根据各方面的观察，思想左倾且有苏俄背景的冯玉祥可能正在设法与郭松龄、李景林结盟，如果他们将黎元洪控制在手上，那么情况可能更糟糕，冯玉祥的势力必将随着这一变局向南方蔓延，弄不好长江流域都将因此被"赤化"，黎元洪反而会成为冯玉祥手中的一个筹码，甚至加剧全国的"赤化"。有鉴于此，章太炎改变思路，劝说黎元洪拒绝再度出山，静观时变，最好的结果是宜分而不宜合，段祺瑞、吴佩孚等人引退，废置中央，然后南北各方暂时分立。

　　与章太炎的判断稍有差别的是，在日本人的支持下，张作霖反击打败了郭松龄。冯玉祥的国民军与李景林激战。章太炎起而支持李景林，讨伐冯玉祥，声称有与冯玉祥一致者，并在讨伐之列。

　　章太炎之所以对冯玉祥充满仇恨，主要是因为他认为冯玉祥联合了俄国人。冯军的装备大半来自俄国，而广东的蒋介石、汪精卫，也与冯玉祥乃至苏俄有关联，不论章太炎想法如何，当时的中国，由于共产国际和苏俄政府的支持，确实处在革命的高潮期，南方的国民革命运动如火如荼，北方冯玉祥的国民革命也在迅猛开展。

　　革命形势高涨引起了章太炎等人的忧虑。经过一段时间的串联、酝酿，转至1926年4月7日，章太炎与邓家彦、徐绍桢、尤烈、魏邦平、冯自由、居正等一百多人在上海发起成立"反赤救国大联合"，章太炎被推举为成立大会的主席。他们的目标就是要"反对"苏俄，"反对"中国共产党，反对南方的国民政府和北方的冯玉祥及国民党。

　　他们除了在上海设立"反赤救国大联合"总部，还准备在各省及海外各地创设支部或分部，以"反对赤化""保障国权""实行民治"为宗旨。

　　"反对赤化"，不仅"反对"了中国共产党，而且与国民党主流派及广东国民政府处于对立状态，所以当蒋介石发动北伐，章太炎就通电明确表示反对，认为蒋介石与冯玉祥一样，同为俄属。

章太炎对蒋介石新军阀的厌恶，除了蒋介石与苏俄人关系紧密外，其实还有一个旧恨就是蒋介石当年刺杀光复会领袖陶成章。新仇旧恨叠加在一起，使章太炎对政治上的暴发户蒋介石格外恼怒。所以他在通电中重申多年来的一贯看法，依然坚持统一不如分治的观点，依然建议南北分治，北方仍由奉系为主进行治理，直系南下以保江上，开诚布公，解除宿衅，然后与南方各省共同讨伐蒋介石和国民革命军，保民济国。

然而，章太炎的期待并没有成为现实。相反，蒋介石统帅的北伐军在中国共产党的帮助下，势如破竹，如入无人之境，顺利攻占武昌三镇，顺流而下，直扑长江中下游，北方政府内部各系势力纷争不已，根本没有组织像样的抵抗，蒋介石和他的北伐军于1927年春天顺利攻占上海。

北伐军攻占上海后，国民党内部发生重大分裂。蒋介石实行"反共"政策，一定要将共产党从国民党内"清除"出去，于是有"四·一二"反革命政变发生。

1927年4月12日，蒋介石在上海发动反革命政变，屠杀共产党人。

蒋介石的政变目标是"反共"、"反苏"、反革命，这个政治目标按理说与章太炎过去几年的鼓吹相一致或大致相同，然而，蒋介石和他的新政府并不这样认为。国民党上海市党部临时执行委员会毫不客气下令通缉章太炎，罪名是不伦不类的"著名学阀"。

四、淡出政治，返回书斋

对蒋介石来说，章太炎属于"元老"那一辈的长者，所以当蒋介石的南京国民政府成立后，虽然虚张声势下令通缉章太炎，下令查抄章太炎家的"逆产"，但毕竟新政权在政治理念上，在"反共""反苏"等一系列政治问题上有着相当的一致性或相似性，因而新政权并没有给章太炎带来更多的麻烦，理由是章太炎毕竟曾与孙中山一起奔走革命，推翻清政府，在中华革命史上拥有相当地位。况且章太炎年龄已经很大了，新政权如果执意和一个革命元老过不去，姿态和心胸还不如袁世凯，那也太说不过去了，所以尽管章太炎大骂蒋介石，但蒋介石不把这些事情看得太重，更不会真的"缉拿"章太炎。

蒋介石新政权没有过多地找章太炎的麻烦，但章太炎依然对新政权不满意。他不是对蒋介石"反共""剿共""反苏"、镇压革命不满意，而是不满意蒋介石背叛了自兴中会、光复会、同盟会以来的民主共和传统。所谓以党治国，其实就是一个充满暴力充满邪恶的强势政权。特别是南京国民政府以"青天白日满地红"的旗帜，取代了民国建立以来一直在使用的五色旗。这在章太炎看来，就是背叛民国。章太炎愤怒地问道，如果连五色旗都能换掉，那么当年还有什么必要去反对袁世凯的帝制复辟？袁世凯的帝制复辟，不过是叛国，还没有多少为非作歹、祸害百姓的事情。现在可是不一样了，建立在南京的国民党新军阀政权简直就是一个祸害，暴敛害民，在某种意义上比袁世凯的帝制复辟还要坏。也正是从这个意义上说，章太炎认为民国已不复存在，所以他章炳麟目前还苟活在这个世界上，不过是"民国遗老""民国遗民"或现代社会的"文化逸民"而已。

章太炎自袁世凯之后始终坚信"统一不如分治"，在南北两个政权存在的时候，知识界在言论上还有着相当大的自由空间。现在不行了，国民党的一党独裁将言论空间大幅压缩，任何有害于一党独裁的言论都受到不同程度的迫害。章太炎在沉寂了一段时间后，痼疾难改，不批评政治、不议论政治他似乎就觉得自己没有存在的价值了，所以他在那沉闷的日子里不仅借为唐继尧、黎元洪、梁启超、蒋智由等旧友书写挽联、悼词抒发对现实政治的不满，对政治倒退的失望，而且瞅准机会利用一切可能的场所，批评国民党是一党独裁，以党治国。

这当然只是章太炎的个人感受。其实，从蒋介石和国民党的立场上看，他们在建立了南京国民政府之后，自认为是按照孙中山的革命理论一步步从军政往训政然后再向宪政迈进或过渡。1928 年初，国民党召开二届四中全会，确立法治主义的治国原则，宣布将法制建设作为全力以赴的重要任务。随着全国重建统一，将按照孙中山的规划，逐步从军政向训政过渡，执政党的一切政治主张务必要成为有条理的法律。及至同年 8 月国民党召开二届五中全会，通过《政治问题决议案》，颁布《训政纲领》，决定以党治国，宣布由国民党全国代表大会代表国民大会领导国民，行使政权；国民党中央政治会议指导监督国民政府重大国务的实施和执行，逐步引导国民经过若干年民主政治的训练，向完全意义上的宪政过渡。

然而对于这个训政计划，不同政治派别有不同的看法和评判。章太炎因为是民国元老，可以说是绝对的民主主义者，所以他对这个以党治国的训政方案根本不愿认同，甚至从根本上认为孙中山的三民主义、三大政策等都不可行。至于蒋介石的新花样，章太炎认为严重背离了民主政治的基本要求，是一种政治上的反动。他在 1928 年 11 月 21 日借一次集会发表演讲，公开"批评"孙中山和蒋介石，批评国民党二届五中全会及其通过的《训政纲领》。

至于蒋介石和国民党新政权，章太炎也给予严厉批评。认为蒋介石所说的以党治国，也不是以党义治国，乃是以党员治国，以党员攫取国民政权，而对外仍以中华民国的名义。所以也可以说是一种假冒的中华民国。在章太炎的眼中，民国已死。这就像袁世凯称号洪宪之后，仍以中华民国年号对外意义相同，都是一种假冒。袁世凯个人要做皇帝，现在的蒋介石和国民党是一个党要做皇帝。这在章太炎的眼里，就是叛国，就应该受到国民的讨伐。所以他章炳麟也常说"革命尚未成功，国民尚须努力，应共奋起"等，就是要让国民知道现在的国民党新政权并不是晚清以来革命者所期望的东西，甚至可以说是对革命先驱的精神背叛。

痛快淋漓的一通发泄虽然逞一时之快，但很快也为自己惹来了大麻烦，国民党上海市党部呈请中央通缉"反动分子章炳麟"，国民党的机关报更

在章太炎故居内的"一代儒宗"章太炎半身像

是连篇累牍发表文章，大骂章太炎是老而不死的文妖，至今仍敢大放厥词，妖言惑众，必须严惩。

国民党中央当然不敢真的严惩章太炎。不过，章太炎在经历了这次风波后，或许因为各方面劝说，或许因为与国民党当权者关系太复杂，总而言之，此次风波之后的章太炎差不多销声匿迹，踏踏实实过了几年近乎隐居的安静生活，埋首书斋，重操旧业，整理旧著，撰写新著，每天过得非常充实、非常有趣。短短几年时间，章太炎在中国古典学术研究上又获得了很大成绩，《春秋左氏疑义答问》《古文尚书拾遗》《太史公古文尚书说》《广论语骈枝》等相继问世。用鲁迅先生的话说，章太炎遂身衣学术的华衮，猝然成为儒宗，执贽愿为弟子者綦众。

五、弦歌声中，不忘抗日救国

在相对宁静的书斋中，章太炎俯而读、仰而思，一篇接一篇地写着自己愿意写的文章，一封接一封地与那些弟子、私淑弟子通信讨论中国学术史上的一系列疑难问题。在青年学子政治动荡的年代里，能有这份雅兴、这份情致，也算是一件很有意义的雅事。

为了培养国学人才，扩大国学影响，章太炎在那几年不辞辛苦，南北奔走，先后在上海、苏州、北平、青岛等地发表演讲，以国学激励国人精神，为国家培养青年学子。在20世纪30年代初移居苏州后，创办"章氏国学讲习会"，招收来自全国各地的青年学子集中研讨中国历史与文化。章太炎每周登坛演讲三次，系统讲述了他对小学、经学、史学、子学、文学等专门领域的研究心得，为中国历史文化传承培养了一大批有用人才。

宁静的读书、写作、讲学生涯时断时续，主要是因为在那个动荡年代，民族危机日趋加深，不时引起章太炎的高度关注，使他在弦歌声中依然不忘抗日救国。

1931 年，"九一八"事变发生，日本人几乎兵不刃血在很短的时间内攫取了东三省的全部领土。东三省是章太炎曾经倾心投入的地方，所以他对东三省的沦陷，较之他人感触更深。他在得悉这些不幸的消息之后告诉友人，日本人对东三省睥睨觊觎已有 30 年之久了，日本人发动的甲午战争，其实就是要跨过鸭绿江，踏上东三省。面对这种局面，章太炎根本无法理解南京国民政府和蒋介石的不抵抗政策。

蒋介石的对日不抵抗政策激起了章太炎的愤慨。既然政府不可信、不可恃，那么便期待以民众的觉醒遏止日本的侵略，最好能收复故土。章太炎是"九一八"之后最坚定的抵抗者之一，他始终认为中国的唯一出路就是拼死一战。明知必败，然败亦不过失东三省。战败而失之，与拱手而授之，其差别就是有人格与无人格。有人格，国家还有复兴之望；无人格，则国家唯有继续沉沦，以至谷底。

为政府当局计，章太炎建议唯有一战。战而败，败而死，亦足以赎政府往日不抵抗罪。当然，章太炎根据自己对国民政府的了解，也认为政府是不可能这样做的。因为政府里的诸公爱国家不如爱自身，爱自身之人格尤不如爱自身之性命，所以对"九一八"事变之后的中国前途，章太炎不

"九一八"事变纪念馆

乐观，他和政界、知识界许多曾经名噪一时的人物一样，逐渐将视线转向民间。

1932 年初，章太炎和熊希龄、马相伯、张一麟、朱庆澜、赵凤昌、温宗尧、李根源、赵恒惕、章士钊、黄炎培等六十多人发起成立"中华民国国难救济会"，呼吁国民政府捐助一切，立集首都，负起国防责任，联合全民总动员，收复失地，以延国命。明确警告国民政府如有难言之隐，形格势禁，竟无如何，则宣称以党治国的国民党其实就意味着破产了，就应该即日归政全民，召集国民会议，产生救国政府，俾全民共同奋斗。

稍后，章太炎又与张一麟、沈钧儒等联名通电国民，认为东北义勇军在政府几乎袖手旁观的情形下奋起抵抗，胜则如墙而进，败则尽室偕亡，所谓将军有死之心、士卒无生之气者，与此可见。为了保护这些义勇军，章太炎等人呼吁全国智勇之士，共起图之，救援尚在辽西一带英勇抵抗的东北义勇军。

当东北的战争还没有眉目时，日本军队又在上海发起了新的进攻。为了躲避战火，也许还为了鼓励退至关内的东北军奋起抵抗，章太炎于 1932年 2 月离开上海，前往北平，访问绥靖主任张学良，以及名将吴佩孚，代东南民众呼吁东北军出兵。

在北平，章太炎还向报界公开表达了自己对中日战争以及国民党以党治国等问题的看法。章太炎认为，最近两年，政情不安，外侮逼至，东北首先沦陷，淞沪又落敌手，政府当局意志散漫，迄无一定之计划。军事一部分，关涉国家秘密，当然不能发表。但对外方针，无论如何，都必须昭告国内国外，庶军民知所遵循，而各国亦可综而为力。乃至淞沪抗战发生后，因首都南京感受威胁，于是西迁洛阳。为谋抵抗不得已而出此，民众当无多少不同看法。但国民党二中全会议决以西安为陪都，则对外恐陷于示弱。章太炎指出，对于日本的侵略，中国唯有奋起抵抗一条道路可走，不战则无路，唯坐而待亡。战胜无论已，即便不幸失败，中国亦可因这个失败而转换国际社会的视听，使国际社会对中国给予必要的同情和援助。现在，国际社会之所以表现乏力，中国之所以没有得到国际社会活动广泛同情和支持，主要是因为中国政府在大方针上犹豫不决，国际社会弄不清中国政府的真实态度。

在谈到国民党以党治国政治方针时，章太炎明确表示反对。他认为国民党一党专制使其统治基础越来越小，国民党党内人才太少，比如外交界继续活跃着的施肇基、顾维钧等人，其实都是国民党以党治国之前的人才。现在国难如此严重，国民党必须自我反省，必须向各党派开放政权，吸纳人才，使政府的统治力日渐强大，方能带领全国人民摆脱危机，拯救国家。

当民族危机日趋加深的时候，章太炎是坚定的抵抗主义者，没有丝毫退让。他坚决反对日本人策划的什么"满洲国"，并身体力行从学术上论证东北从来就是中国的领土；对于国民政府召集的国难会议，章太炎也不愿认同，认为是浪费时间。蒋介石国民党平时那么强调集中、强调命令、

东北义勇军对日作战。

强调步骤，为什么遇到需要从速决断的军事抵抗反而要召集一大堆无聊的人聚谈呢？军事贵速，能断则一言而可，不断则众议难成，纷纷召集，将以奚用？政府当局不要再对国际联盟存在什么幻想，必须坚定抵抗的信念，要用坚实的历史证据和必胜的信心向全世界证明东三省是中国固有的领土，坚决反对国际联盟李顿调查团报告书将东三省交给"国际共管"或让东三省实行高度自治的荒谬主张。

国民党政府的犹豫、彷徨和不抵抗，使日本人感到有隙可乘。日本军队在稳定了东北的统治秩序后，矛头指向华北。1933年初，日本军队开始向山海关进攻，第五十七军军长何柱国率部奋起抵抗，长城抗战爆发，中国军队与日本人展开了殊死搏斗。然而当日本军队乘虚进攻热河省会承德时，热河省政府主席汤玉麟弃城而逃，致使热河全省很快沦陷。

对于中国军队的英勇抵抗，章太炎赞赏有加；对于汤玉麟不战而逃，章太炎非常愤怒，认为这是政府勇于私斗、怯于公战的必然结果。现在全国养兵近两百万，国家危机至此，国民党政府不是积极谋划奋力向前，以图恢复，反而以"剿匪"的名义分兵内战，自图卸责。此真自绝于国人，

"一二·九"运动中，学生们举行抗日救国示威游行。

甘心于奴隶者矣！章太炎还和马相伯、沈恩孚一起发表《三老宣言》，呼吁全国人民一致奋起，对国民党政府给予有力监督，务使东北半壁河山不至于沦亡，黑山白水，不致就此变易其颜色。

1935年"一二·九"运动爆发后，章太炎公开发表致宋哲元电，强调学生请愿，事出公诚，即便其间有共产党人参加或组织，但问其今日主张如何，不应再"追究"其过去的政治背景。他劝宋哲元在大是大非问题上要头脑清醒，支持学生的爱国行动。

章太炎并没有看到全面抗战爆发。1936年6月14日，章太炎因胆囊炎、疟疾、鼻衄病、气喘病并发症在苏州逝世。享年69岁。

"这位有学问的革命家"不仅为后人留下了一个革命者的光辉形象，而且用他的学术成果为中国历史文化留下了一座彪炳千古的丰碑。他的著作先后被结集为《訄书》《太炎文录》《章氏丛书》《章氏丛书续编》《章氏丛书三编》及《章太炎全集》等。

位于浙江西湖南屏山下的章太炎墓。墓碑上"章太炎之墓"系章太炎生前自写。

章太炎年谱简编

1869 年　1 岁（虚岁）

生于浙江余杭东乡仓前镇一个医学世家，曾祖章均，祖章鉴，父章濬。曾用名有章燐、章缁、绛叔、西狩、日本西狩祝予、末底、戴角、独角、菿汉阁主、台湾旅客、知拙夫、亡是公、支猎胡、支拉夫、陆沉居士、刘子政私淑弟子、刘子骏之绍述者、毛一、萧海琳等。

1883 年　15 岁

奉父命，赴县应童子试，以眩厥而放弃，自此断了科举念想，开始自由自在随意读书。

1890 年　22 岁

遵父遗命，入杭州诂经精舍，先后师从俞樾、谭献、高学治等一代名师，并因此结识孙诒让、宋恕、陈黻宸、夏曾佑、汪康年等东南学界领袖。

1895 年　27 岁

加入强学会。

1897 年　29 岁

1 月，离开诂经精舍，前往上海任职《时务报》。

4 月 14 日，因批评康有为是假圣人，与康门弟子发生肢体冲突。

6 月，参与创办兴浙会。

7 月，参与创办《经世报》，发表《变法箴言》。

8 月，参与创办《实学报》。

10 月，参与创办"译印中西书籍公会"及《译书公会报》。

1898 年　30 岁

2 月，上书李鸿章，建议与日本结盟，共建大亚洲。

3 月 28 日，至武昌求见张之洞，筹备创办《正学报》，未成。

8 月，参与创办《昌言报》。

12 月 4 日，因党锢避地台湾。

1899 年　31 岁

年初，《訄书》初刊。

3 月 12 日，《客帝论》在《清议报》发表。

6 月 10 日，由台湾转赴日本。

8 月，潜回国内。

冬，在上海参加《亚东时报》编辑事务。

1900 年　32 岁

1 月 27 日，签名抗议朝廷立大阿哥。

7 月初，上书李鸿章，建议明绝伪诏，更建政府。

7 月 26 日，在上海英租界张园参加"中国议会"成立会。

8 月 3 日，剪掉象征清廷顺民的辫子。

8 月 8 日，致信孙中山，表达合作意向。

8 月底，钩党甚急，潜归乡里。重新校订《訄书》。

1901 年　33 岁

8 月，任教苏州东吴大学。

冬，自苏州返乡里。

1902 年　34 岁

2 月 22 日，因鼓吹"反满"而逃亡日本。

4 月 26 日，在东京、横滨组织发起"支那亡国 242 年纪念会"。

7 月，返国。译述《社会学》并由广智书局出版。

1903 年　35 岁

3 月，在"爱国学社"任教。

春，多次至张园发表拒俄爱国演讲。

5 月，为邹容《革命军》作序，又撰《驳康有为论革命书》。

6月30日，因在《苏报》发表反政府言论而被公共租界巡捕房逮捕，"《苏报》案"爆发。

1904年 36岁

5月21日，因"《苏报》案"被判处三年监禁，罚做苦工。

1906年 38岁

6月29日，因"《苏报》案"被判处三年监禁刑满释放，旋被孙中山派人接往东京主编《民报》。

7月15日，在东京留学生欢迎会上发表演说，强调以宗教发起信心，以国粹激励种性。

9月，参与创办"国学讲习会"。

秋冬间，参与制定同盟会《革命方略》。

1907年 39岁

4月，参与成立"亚洲和亲会"。

6月，与孙中山发生冲突。

秋，参与成立"东亚亡国同盟会"，被举为会长。

1908年 40岁

年初，通过刘师培夫妇向端方请款，准备到印度出家。

春，开始为弟子讲《说文》等。

10月19日，日本政府查封《民报》，理由是所刊文章败坏风俗，危害秩序。

10月20日，向《民报》所在地警察署提交抗议书。

10月21日，向日本内务大臣发出抗议信。

1909年 41岁

3月13日，因"《民报》案"被日本警察当局拘留。

12月，与吴稚晖笔战。

1910年 42岁

2月，出任重建后的光复会会长。

3 月，主持创办《教育今语杂识》。

本年，删改增补《訄书》，出版《国故论衡》。

1911 年　43 岁

武昌起义前，继续在日本讲学作文。

11 月 15 日，回到上海，受到各界欢迎，被誉为大文豪、大革命家、新中国的卢梭。

11 月 24 日，在国民自治会发表演说，建议在武昌设立中央政府。

12 月 1 日，建议出师北伐和派兵援鄂。

12 月，提出"革命军起，革命党消"口号，反对组织一党政府。

1912 年　44 岁

1 月 3 日，发起成立"中华民国联合会"，被举为会长。

1 月 4 日，《大共和日报》创刊，任社长。

1 月 30 日，在杭州参加浙江教育会成立会，被举为会长。

2 月，被孙中山聘为枢密顾问；致函南京临时参议院，力主建都北京；致函袁世凯商榷官制。

3 月 2 日，中华民国联合会改为统一党，与程德全、张謇、熊希龄、宋教仁等被举为理事。

3 月，致函袁世凯论治术。

5 月，与于右任等一起发起"通俗教育研究会"。

7 月，前往武汉拜会黎元洪，以为与袁世凯相伯仲。

10 月，与马相伯等一起发起函夏考文苑；接受袁世凯任命，出任东三省筹边使。

1913 年　45 岁

元旦，东三省筹边使筹边公署开始在长春办公。

5 月 10 日，建议袁世凯去"四凶"：梁士诒、段芝贵、赵秉钧和陈宦。

5 月 25 日，得勋二位。

6 月 18 日，辞东三省筹边使。

8月11日，抵达北京，稍后被军警软禁。

12月9日，幽禁中开始讲学自娱，听众百余人。

1914年　46岁

1月3日，欲乘车离京，被军警所阻。

1月7日，以大勋章作扇坠，临总统府大骂袁世凯包藏祸心。

1月20日，迁龙泉寺，仍被幽禁。

5月23日，决意绝食，以死抗争，持续半月。

6月16日，移居东四牌楼本司胡同铁如意轩医院。

7月24日，迁居钱粮胡同。

本年，感事既多，复取《訄书》增删，更名为《检论》。

1915年　47岁

7月，《章氏丛书》由上海右文社出版。

9月8日，长女在北京无故自经，不治身亡。

1916年　48岁

6月6日，袁世凯卒。

6月8日，恢复自由。

6月12日下午，继任大总统黎元洪来访，问经国大计，谈话两小时，对以去小人、开党禁、揽人才三策。

6月25日，离开北京南下，结束三年幽禁生活。

7月1日，回到上海。

8月，南赴肇庆，拜会岑春煊。

10月，见南方无可与谋者，遂出游南洋群岛，岁晚始归。

1917年　49岁

3月4日，在上海发起成立"亚洲古学会"。

7月6日，与孙中山等乘军舰由上海启程前往广州，组建非常国会和护法政府。

9月10日，被任命为护法军政府秘书长。此后，往来于香港、广州间，争取龙济光等参加护法军。

10月下旬，自交趾抵昆明，联络唐继尧。

1918 年　50 岁

1月10日，至巴县，凭吊邹容祠。

10月11日，回到上海，结束护法运动。

1920 年　52 岁

年初，患黄疸病三月。

10月14日，抵达长沙，支持湖南的地方自治运动。

1922 年　54 岁

4月1日，在上海开始"国学大概""国学派别"系列演讲，每周一次，共十讲。

1925 年　57 岁

9月18日，应湖南省长赵恒惕邀请，赴长沙主考知事。

10月30日，在上海国民大学发表演讲，反对"赤化"。

1926 年　58 岁

4月7日，参与发起"反赤救国大联合"，任理事。

4月11日，参与发起"国民外交协会"，任名誉会长。

6月，出任国民大学校长，并在国学系授课。

8月8日，应五省联军总司令孙传芳邀请，任修订礼制会会长。

8月13日，通电反对蒋介石北伐。

1927 年　59 岁

6月16日，被国民党上海特别市党部临时执行委员会以"反动学阀"的罪名所通缉。

1928 年　60 岁

11月21日，以大骂孙中山、攻击新三民主义、图谋危害政府的罪名，受到国民党上海市三区党务指导委员会通缉。

1932 年　64 岁

1 月 13 日，与熊希龄、马相伯等通电联合全民总动员，呼吁收复被日本人占领的东北。

2 月 23 日，北上往访张学良、吴佩孚、段祺瑞，呼吁抗日。

秋，赴苏州讲学。

1933 年　65 岁

3 月 3 日，通电呼吁放弃私斗，积极抗日，以图恢复。

1934 年　66 岁

秋，由上海迁居苏州。

冬，在苏州发起"章氏国学讲习会"。

1935 年　67 岁

3 月 29 日，丁维汾代蒋介石来慰问，致万金为疗疾费。

4 月起，又在苏州开办"章氏星期讲演会"，听讲者众。

9 月，创办《制言》，任主编。

12 月 21 日，致电平津卫戍司令宋哲元，反对镇压爱国学生。

1936 年　68 岁

6 月 14 日，因病在苏州逝世，享年 69 岁。

邹

容

第一章

不安分的少年

邹容原名桂文，又字蔚丹，也写作威丹，或字绍陶。四川巴县人。按照现在行政区划，应该算是重庆巴南区人。邹容生于1885年，卒于1905年，年仅20岁。可是就这短短的20年，却被邹容演绎得有声有色，波澜壮阔，成为近代中国最重要的政治家之一。

四川、重庆开发较早，土地肥沃，物产丰富，自古以来有天府之国美誉，文明素养、社会发展程度都比较高。邹容的家族来源不太可考了，现在能够知道的，只是他的父亲邹子璠行商陇蜀之间，拥有相当资产，邹容也就是一个衣食无忧的富家子弟。

像许多经商致富的中国人一样，略知诗书稍有文化的邹子璠在事业上获取成功后，最期待的事情就是让子女好好读书，鲤鱼跳龙门，金榜题名，博取科举功名，然后学而优则仕，踏入仕途，平步青云，光宗耀祖。

或许正是有了比较好的家庭背景，据说少年邹容格外聪明，6岁时随着大哥蕴丹入私塾读书，到了十一二岁时，大致掌握了传统读书人应知应懂的儒家经典，诸如九经、《史记》、《汉书》等。

传统的儒家经典对于年幼的邹容来说实在是有些枯燥无味，而且，邹容十一二岁的年月上，正是儒家学术地位在急剧下降的时候，中国在甲午战败后的一个重要选择，就是准备废除以八股取士为主要内容的科举考试。或许正是这种时代风气的影响，聪颖好学的少年邹容对儒家经典、科举考试渐渐失去兴趣，渐渐迷上了不被正统士大夫看上眼的雕刻艺术。

对于邹容的艺术追求，具有正统甚至可以说陈旧思想的邹子璠当然无法理解。因为在他的心目和生活经验中，万般皆下品，唯有读书高，只有科举考试这样一条正路，其余的都是旁门左道。愤怒的邹子璠将少年邹容狠狠地揍了一顿，鞭子抽，棍子打，直至打得小邹容血人一个，小邹容都没有求饶，没有让步。

邹容坚定的信念、不屈的精神终于使邹子璠心软了，毕竟是自己的儿子，毕竟邹容也不是不爱学习，所以邹子璠对这个儿子不再强制要求如何，而是以相对宽松的姿态让邹容获得一些自由的空间。

相对自由宽松的学习环境培养了邹容爱学习、爱思考的习惯，年龄稍长，就前往成都师从当地名师吕翼文。经过一段时间的训练后，邹容取得了很大进步，与人言，指天画地，非尧舜，薄周孔，无所避。大胆言辞吓坏了乃师吕翼文，为了保住自己的饭碗，或许在政治理念上根本无法认同邹容这些离经叛道的言论，吕翼文只好敬谢不敏，让邹容另请高就。

历史到了 20 世纪初，随着中国在义和团战争中的失败，清政府在列强的要求和约束下，接续 1898 年的政治变革，开始了新政，中国年轻一代读书人因此有了更多的选择。科举考试已经成为强弩之末，朝廷和大臣们不断透露出要终结这一人才选拔制度的意思，所以更多的年轻人已经不

邹容家书，1901 年赴日留学前夕写给父母的信。

再对科举考试产生兴趣，他们中的许多人希望能够前往东西洋各国留学，学习域外新知识。

在 20 世纪初的留学大潮中，家境不错的邹容当然不甘落后，而且获得乃父邹子璠的大力支持。邹子璠的想法是，听朝廷的肯定没有错，朝廷号召年轻一代出国留学，自然有出国留学的道理，将来学成回国，依然可以有机会获取朝廷颁发的同进士、同举人身份，依然有机会进入官场，这是用另一种更时尚的办法鲤鱼跳龙门，步入天子堂。

按照邹容父子的设想，邹容希望通过公费去留学。1901 年 7 月，邹容冒着酷暑赶到成都，参加留学生考试。据说邹容考试成绩不错，甚至由考试监督引见于四川总督。总督勉励有加，希望再接再厉，功成名就。

然而天下事总有出人意料者。正当邹容兴冲冲地向家里报喜，准备前往日本官费留学时，一个不幸的消息传来，他的官费留学生资格被取消了。理由是邹容的思想不够"端谨"，不够正统。大清国出钱培养的不是革命家，而是技术人才，一个思想上表现出异端倾向的年轻人不能不吃这样的亏。不过，威权政治体制下的人才选拔不仅扼杀了人才，往往将一个并非有心反体制的人最终推到政治反对派的一边。假如四川当局当年不是这样过多地从政治上进行考量，而是在成绩面前人人平等，那么官费留学的邹容随着岁月的流逝，一定会成长为专业人才。

官费留学资格被取消并没有中断邹容留学的梦想，相反，乃父邹子璠由此看到他这个儿子还真的很有出息，值得培养。既然官费留学这条路走不通了，那么咱就自费吧，反正邹家也不少这几个钱。

第二章

留学东瀛

留学日本时的邹容

1901 年秋，16 岁的邹容踏上了艰辛的求学路。从重庆出发，沿着长江顺流而下，进入设在上海的江南制造局广方言馆补习日语，为留学日本进行准备。

翌年春，邹容东渡日本，入东京同文书院，开始在日本的留学生活。

1894 年的甲午战争，彻底改变了中国的历史走向。原本自信满满的中国人不得不重新反省过去 30 年的发展道路，发现原本不被中国人瞧得起的日本，真正找到了回应西方压力的正确道路，那就是转身向西，脱亚入欧。中国先前所坚守的"中体西用"，除了增加一些物资的财富外，并没有从根本上改变中国，而这些简单的物质财富被一场战争几乎彻底摧毁了。物质上的靠不住震惊了中国人，知耻而后勇，中国人重新上路，由先前 30 年向西方学习转而踏踏实实向东方学习，留学日本成为那个时代时尚青年的第一选择。

日本成了中国的榜样，大量青年学子纷纷前往日本取经求学，据说当邹容来到日本的时候，在那里求学的中国人已有上千人之多。

到日本留学的中国青年与先前远赴欧美的留学生不同，欧美留学高潮时代时还是遵循中体西用的救国原则，主要是向西方学习科学技术层面的东西，对于西方的政治、制度、思想文化，那时的留学生除极个别的少数如严复，大家很少注意。因为当时大家普遍相信中国文明在制度、文化层面的成就远过于西洋，中国的问题只是没有追赶上西方工业化的机会，在技术层面上错过了一次大创新、大发展的机会，所以只要中国向西方学习了先进的科学技术，中国必将完成全面振兴，中国的制度、文化，必将与西方的科学技术完美结合，创造出西方人无法追赶的新文明。

毫无疑问，甲午战争之前的中国人太幼稚、太乐观了，不懂得文明作为一个整体的意义，不懂得科学技术的进步并不单单是科学技术，而是有着自己的文化背景和制度因素。经过甲午战争的刺激，中国人有了新的觉悟，所以这一次转身向东，向日本学习，主要的不再是学习日本人的科学技术，而是更多地关注日本的法律、政治、制度等层面。所以这些留学生后来或成为革命者，或成为改良主义者，差不多都以政治为职业。

在这种大环境下，留学日本的邹容自然无心于自然科学。他和那些年

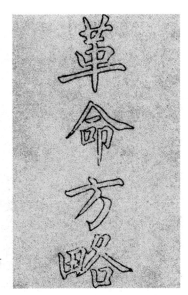

孙中山、黄兴、章太炎等在日本东京制定的《革命方略》。邹容的思想深受孙中山革命思想的影响。

轻同学一样，醉心于卢梭、孟德斯鸠、林肯，如饥似渴地阅读近代东西方启蒙时代的著作，《民约论》《万法精理》，以及《游学译编》《湖北学生界》等，都是邹容反复研读的对象，从中汲取丰厚的民主思想营养。

通过对东西方近代文明的研究，邹容的思想在短短的时间里发生了巨大变化。他已超越康有为、谭嗣同、梁启超等人开启的改良主义，超越严复所鼓吹的社会达尔文主义，开始郑重思考清政府存在的合理性、正当性和合法性，逐渐接受孙中山几年前的一个重要判断，即中国问题的根本症结在于一个来自周边的异族统治者，中国要想迈出现代化的坚实步伐，就必须进行革命。这是邹容思想的一个实质性飞跃。

邹容还和同学钮永建等一起规划建设中国协会，参与组织中国青年会等革命组织，积极参加反对清政府的一切革命活动，成为留日学生中在政治上最为活跃的积极分子之一。1903年1月30日（中国旧历癸卯年正月初二），留日中国学生千余人在东京留学生会馆集会，兼请国人到馆演说。时有广西人马君武在座，众首推之。马君武遂登台发表演讲，历数满洲人

1903年1月30日，东京留学生举行新年团拜会。马君武发表演说，宣传"排满"革命要旨，大受留学生欢迎。图为马君武。

入主中原以来的残暴统治和罪恶，强调清政府误国之可恨，启发青年学子清醒认识清政府。马君武受孙中山思想的深刻影响，将中国不发展的责任归罪于清廷的愚昧统治。

接着马君武的演讲，邹容也发表了慷慨激昂的演说，声言不推翻清政府殖民统治，中国就没有半点希望。昌言清政府不变法改革，即使变法，也没有继续存在的依据，也必然要被革命。这些激动人心的言辞犀利悲壮，鲜与伦比，固然激起留学生的热烈回应和欢迎，毫无疑问，也必然会为邹容惹来麻烦。

参加当天集会的并不都是革命者，因为是留学生的新年集会，因而不仅有几十名满洲学生，而且还有清国驻日公使蔡钧和留学生监督汪大燮。满洲学生对马君武、邹容的演讲当然不高兴，他们窃窃私语，认为满洲贵族统治层所确立的"宁送友邦不与家人"的统治原则，现在看来还真的没

1903 年前后，留学生中掀起了一个大办革命刊物的热潮。图为当时在东京出版的部分刊物。

有错。

　　至于官方代表蔡钧和汪大燮，当然也很难高兴，职责所在，最怕留学生在政治上出差错。汪大燮马上接着演讲，强调各位留学生的主要职责是学习，应该将主要精力放在学习上，思不出其位。汪大燮劝告各位还是要好自为之。

第三章

著《革命军》

革命思想确立后，邹容意识到，革命非公开倡言不为功，要让中国人都觉悟到必须革命、必须推翻清廷，就要鼓吹、就要从理论上论证推翻清政府的必要性、正当性和合法性。基于这样的认识，邹容着手起草自己的重要著作《革命军》。

《革命军》全书只有两万多字，条理清晰，结构严谨，共分七个部分，分别是绪论、革命之原因、革命之教育、革命必剖清人种、革命必先去奴隶之根性、革命独立之大义及结论。

在《革命军》中，邹容开宗明义地提出推翻清政府的政治要求，毫不含糊地主张建立近代民族国家政治体制，充满热情地讴歌革命、讴歌暴力，认为革命是天演之公例，是世界之公理，是争存亡过渡时代之要义，是顺乎天而应乎人的合理选择，是去腐败而存良善的必要手段，是由野蛮而进文明的必然阶段，也是除奴隶而为主人的必要条件。

邹容将革命看作是历史发展的必然环节，是社会进步的根本动力，是关乎中国生死存亡的至上事业。中国在清政府的压榨下，只有通过革命才

邹容著《革命军》

能获得解放，寻求独立，改变现状，赢得未来。在邹容看来，历史已经发展到了 20 世纪，中国要步入世界文明国家，树独立之旗，撞自由之钟，成为世界上合格成员，成为世界强国，成为地球上的主人之一，不可不革命。革命，是中国人的唯一选择。

清政府之所以成为《革命军》攻击的对象，在邹容看来，主要还是清政府统治缺少正当性、合法性。特别是在过去几十年，当西方势力东来之后，清朝统治者丧权辱国，将大片国土分送给了列强，以买一家一姓五百家奴一日之安逸，甚至连满洲人的龙兴之地都不再有力量保护，听任列强在这块土地上胡作非为，肆意蹂躏。

清政府政治统治的无能使中国人蒙受了巨大屈辱，多少年来，中国人在这个世界上几乎成为二等、三等，甚至不入等的世界公民或国际弃儿。在与西方列强的交往中，杀一教士而割地赔款，骂一外人而劳中国皇帝老儿上谕动问，中华民族在清政府无能统治下，久已没有尊严，久已处在内受清政府欺压、外受列强驱使的悲惨境地。中国实际上已经陷入万劫不复的悲惨深渊。中国的唯一出路，在目前形势下，不是要抵抗外国人的入侵、欺诈和剥削，而是要利用国际危机，利用清政府的外交失败，起来推翻清廷，重建汉族人的国家。

邹容的《革命军》不仅反对清政府的极权统治，而且反对清政府所建立的等级制度、社会构架。认为中国要想获得独立，要想走上富强，要想走向共和，重要的一个环节，就是要丢掉过去千百年来的奴隶地位和奴隶思维习惯，要学会用主人、用国民的角度观察问题、表达看法，要敢于思考、大胆思考，要敢于行动、大胆行动，决不能只做逆来顺受的奴隶，而要把自己变成社会的主人、自己的主人。

接续谭嗣同对传统中国社会的批判，邹容也认为秦汉之后的政治架构从根本上扼杀了人性，制造了奴隶。数千年来，名公巨卿、教师大儒，所

维新派代表人物之一谭嗣同

垂教万世的不外乎两个字，一是忠，二是孝。所谓忠于君、孝于亲，其实都是奴隶的信条，是束缚中国人心智的精神枷锁，结果就是没有人将自己当成顶天立地的人来看待，没有人享有国民的待遇、拥有国民的精神和性格。所谓四万万中国人，其实不过是四万万奴隶、四万万会说话的工具而已。邹容强调，中国的进步不是英雄伟人一手遮天，而是四万万中国人的整体觉悟和觉醒，中国人一定要舍弃过去的奴隶思想和奴隶习惯，要彻底根除奴隶的根性，要做堂堂正正的国民，要做新时代、新社会的主人。

《革命军》旗帜鲜明地回答了民主革命的基本问题，邹容所归纳的中国革命的二十五条纲领，基本上涵盖了那时进步中国人在政治上的全部诉求。这些政治纲领是：

推翻清野蛮政府；

诛杀清皇帝，蔚儆万世不复有专制君主；

敌对干预我中国革命独立之外国人及本国人；

不得侵犯他人自由，如言论、思想、出版等；

无论何时，政府所为，不得干犯人民基本权利，人民有权举行革命，推翻旧日政府，而求遂其安全康乐之心；

定名为中华共和国；

中华共和国为自由独立之国。

凡此等等，充分展示了邹容对西方近代启蒙思想的吸收和采纳，是天赋人权、自由、平等、博爱思想的重构，充满体现了主权在民思想。

当然，邹容的《革命军》还只是一种激情的描写，文学的展现，还缺少像孙中山先生那样的理性思考和缜密构思，其思想来源主要也是孙中山先生的革命理论。不过，由于邹容年轻气盛，不屈不挠，他的鼓吹在后来产生很大影响，在革命进程中发挥了巨大作用，因而《革命军》这本小册子被章士钊誉为中国国民教育最重要的教科书之一，被孙中山誉为中国的人权宣言，认为是革命党推翻清政府、实现共和、建立民国的重要理论建构。

第四章

结交章太炎

邹容革命思想形成后，自然成为留学生中极端激进的人，大小事情总是打头阵，总是不甘人后。大的事务比如救国、革命、拒俄等，邹容都与留学生一起积极参与，非常活跃。

对于留学生中的激进倾向，清政府也不是一点都不知道。自清政府决定对外派遣留学生开始，从来都注意留学生的政治问题，注意留学生的思想倾向，始终派有留学生监督，专门负责这些学生的思想教育，使他们不被外面的思想所迷惑，不至于因为各种原因成为清政府的反对者。所以当邹容的激进思想稍有公开时，清国驻日公使蔡钧及留学生监督汪大燮、学监姚文甫等，其实已经知道了邹容的所说所为，并按照朝廷的规定做好了处置方案。

官方的行动当然也不是密不透风，聪明的邹容肯定也会有一些预感，他觉得一切的一切都是那个学监姚文甫从中作怪，所以他发誓一定要惩治这个不断与学生为敌的人。

经过缜密侦察，邹容发现了一个重大秘密。那个学监姚文甫不仅作恶，钳制言论，迫害学生，而且非常好色，居然与驻日外交官的小妾鬼混。这个发现令邹容很亢奋，他遂约了几个学生进行跟踪，准备捉奸。

1903年3月31日夜，机会终于来了。姚文甫乘着那位外交官不在家，偷偷潜入人家家中与情人厮混，正在兴头上，邹容带着几个学生破门而入，上来就朝姚文甫的脸上扇了数十个巴掌，历数姚的罪恶，表示即便今天不杀你这个混蛋，也不能放过你的辫子，说时迟、那时快，邹容持剪刀剪断了姚文甫头上那根象征大清国臣民的发辫，限令姚文甫必须在第二天早上滚出东京，并将姚文甫的辫子悬挂在留学生会馆正梁以示众，标明这就是那个道德败坏、品行恶劣的南洋学生监督、留学生公敌姚某的发辫。

当然不能说邹容的行动缺乏正义性，只是不必怀疑的是，邹容等人的这个举动无疑激怒了官方，激怒了驻日公使蔡钧。蔡钧或许并不是在替姚文甫抱委屈，他只是认为邹容等人的这种做法显然太过分，这简直就是犯上作乱，是大逆不道，如果不加严惩，势必会使其他不安分的学生仿效。为此，蔡钧立即照会日本外务省，要求到同文书院捉拿邹容，理由是邹容等人煽动闹事。

邹容无法在日本继续求学了，为了防止蔡钧和清政府的迫害，在朋友的劝说下，邹容于1903年4月返回上海。

那时的上海教育界，也到处闹学潮。1902年冬，南洋公学学潮发生，学校当局为严肃纪律，开除了一批闹事的学生。然而，想不到的是，为了声援这些学生，全校学生竟然集体退学。

出于对这些学生的同情，或许也有培养革命力量的需要，南洋公学教员蔡元培以中国教育会会长的名义劝告这些学生不要轻易放弃了学业，最好集中起来组织一个新学校，继续完成学业。这就是稍后成立的"爱国学社"的由来。

由于蔡元培和中国教育会具有浓厚的革命"排满"倾向，所以新成立的爱国学社差不多成了革命者的集散地，吴稚晖、章太炎、蒋维乔、叶瀚等人都在那里任教。他们在这些学生中公开宣讲革命主张，号召学生要有人人平等的理想，要敢于造反，要与康有为等改良主义者划清界限，彻底摒弃保皇思想，坚信皇帝是靠不住的，中国的唯一希望在于推翻清政府，重建汉民族国家。这些具有革命思想的老师，除了在爱国学社向学生宣讲外，还定期在张园组织演讲会。他们在那里就正在发生的政治事件发表评论，往往将结论归结到"排满"、革命这些宏大主题上。

邹容就是在这个时候回到上海、走进爱国学社的，并在那里结识了章太炎。由于政治理念相同，他们很快成为朋友，成为亲密无间的革命兄弟。据说他们两人还与章士钊、张继四人一起结拜为兄弟。这份情谊显然不一般，也是后人难以理解的。那一年，章太炎34周岁，章士钊22周岁，张继21周岁，邹容18周岁。

章太炎的学识令邹容五体投地，章太炎的坦率大胆、不拘小节更让邹

爱国学社
成立时师生们
合影。

容感到遇到了真神。激动不已的邹容将自己那本尚未定稿的《革命军》交
给章太炎指教，章太炎虽然不太满意邹容的语言文字，但对邹容能够将推
翻清政府的道理用那么简洁通俗的文字表达出来，也感到不可思议，非常
高兴。他在对《革命军》进行必要的文字修饰后，欣然命笔作了一篇序文，
以高度夸张的笔法称赞这本小册子是一部伟大著作。

在这篇序言中，章太炎感慨万千，他表示我章炳麟也算是反对清政府
的老将了，说起来也有几年时间了，可是迄今未见真正有水平的响应者、
回应者。而邹容小老弟的这篇《革命军》高屋建瓴，大气磅礴，振聋发聩，
实为革命义军之先声。

章太炎认为，将邹容的这部书定名为《革命军》主要有这样一个意思，
那就是这次"排满"革命不仅要推翻满洲人的异族统治，实现民族解放，
而且要毕其功于一役，顺带着完成政治革命、社会革命，将那些与现代社
会不再吻合的政教、学术、礼俗等方面的陈规陋习一并革除，重建一个理
想的社会形态、文化形态，所以说邹容所强调的革命是一种广义的革命，
并非只是单纯地赶走满洲人。

第五章

"《苏报》案"发生

章太炎的序文使邹容名声大振，《革命军》风靡一时，有聪明的出版商很快将邹容的著作和章太炎的序文合刊发行，洛阳纸贵，传诵一时，海内外各种各样的翻刻本不知凡几，或认为这些著作为中国版的《独立宣言》《民约论》，或认为邹容、章太炎为中国人指出了一条可供选择的政治道路，举国上下，无不震惊。

在这些聪明的出版商中，有一个年轻人叫章士钊，他是一家新刊物《苏报》的主编，他正在因为《苏报》发行量上不去而苦苦发愁，现在看到邹容、章太炎的作品那么吸引人，遂下决心邀请邹容、章太炎加盟，为《苏报》写专栏，或者同意将他们的作品在《苏报》上连载。

《苏报》的主人为常州人陈范。陈范为常州望族，其长兄陈鼎任职翰林院，在1898年政治变革中鼎力推荐冯桂芬的激进政治思想，主张中国像日本那样转身向西，脱亚入欧，全面学习西方。

与长兄相比，陈范就稍逊风骚了。陈范在屡试不第的情况下，花钱捐了一个知县，然而这个知县并没有做多久，甚至没有将捐出的银子挣回来，就因为一场教案被解职。作为豪门出身的"官二代"，陈范大约觉得官场不易，不愿在官场继续蹉跎，或者已经明白自己在官场上不会有大的发展，总而言之，陈范利用生在豪门的优势资源，在上海发展实业，出资购买了一份不起眼的小报，希望由此开始实业梦想。这个小报就是《苏报》。

由于《苏报》规模太小，在繁华的上海基本不具备竞争力，所以怎样提高发行量，成了《苏报》存活发展的关键问题之一。

《苏报》成长的另一个关键是要找到一个有人脉、有能力的主编，于是找到了年轻、能干、有才华、有人脉的章士钊。

章士钊原本是南京陆军师范学堂的学生，时年22岁。因学潮离开了南京，来到上海，加入了中国教育会和爱国学社，与蔡元培、章太炎、吴稚晖、张继等人相识相交，而邹容也因章太炎等人引荐，成为章士钊的好朋友。

或许是因为这些丰富的人脉关系，年轻的章士钊敢于接受《苏报》主编的职务。也或许因为这些具有革命思想倾向的人脉关系，使《苏报》的面貌在短时间发生巨变，成为商业化非常浓厚的上海滩上少有的政论类报纸。

陈范认同章士钊的才华、人脉和能力，但对于章士钊的交际圈子和激进思想，陈范也比较担忧。他毕竟是报纸的出资人和主人，不是政治家、革命家，他可不想将自己的身家性命因为那些反政府的出格言论而毁掉，所以当他发现报纸的发行量上去了，自然高兴；只是看着言论越来越出格，像发表的邹容《革命军》、章太炎的序文，还有章太炎的《驳康有为论革命书》等，多少犯了朝廷的忌讳。

不过，陈范并没有对章士钊激进编辑主张过多干预，毕竟这个方针为报纸带来了财源。而且，陈范心中还有一点侥幸，那就是《苏报》毕竟在租界注册、在租界出版。租界就是"国中之国"，这块土地虽然属于大清国，但实际管辖权却在外国人手里，按照外国的法律进行治理，租界中的中国人像西方人在西方一样享有言论自由、出版自由的权利。这是陈范放任章士钊发表邹容等人反政府文章的一个原因，也是章士钊敢于这样做的一个原因。

相对宽松的言论空间当然只是相对的，如果在租界反政府、反体制的言论太过分，中国政府不会容忍，也有权力与租界当局进行交涉。所以怎样拿捏剑走偏锋的言论而又不使朝廷太愤怒，怎样能大幅度提升报纸发行量而又不惹来政治麻烦，这确实是对报人智慧的重大考验。

章士钊接手后，特别是将章太炎和邹容等人的文章发表后，《苏报》发行量直线上升，陈范心中暗自高兴。然而到了6月7日，当《苏报》开始连载《论中国当道者皆革命党》之后，陈范似乎觉得有点出格，向章士钊表示《苏报》上的言论如果过于出格，那不是自取灭亡吗？

面对陈范的忧虑和指责，章士钊深感不安与愧疚，他原准备迅即辞职，让陈范另请高明，不料陈范在一天之内态度发生根本转变，支持章士钊放胆高论。

陈范为什么会在一天之内发生惊天大逆转呢？原来他在这一天遇到了孙中山，孙中山答应在经济上为《苏报》提供赞助，提升效益。孙中山是举国周知的革命党领袖，孙中山支持《苏报》，那么《苏报》发表一些革命的言论有什么不妥呢？

有了陈范的这个转变，《苏报》在章士钊主持下，连续刊发激进的政治论文，名声大噪，影响日增。遗憾的是，《苏报》不仅由此引起清廷高度关注，危险步步逼近，而且更重要、更难堪的是，陈范遇到的什么孙中山，原来是个假的，他的真名为钱宝仁，是混迹于上海滩的小流氓，他谎称支持陈范、帮助陈范，只是想从陈范那里骗点钱。

《苏报》刊发章太炎《驳康有为论革命书》和邹容《革命军》同一天，正在上海的工部大臣吕海寰就敏锐感觉不对，再结合张园的系列演讲，吕海寰提醒江苏巡抚恩寿不可掉以轻心，建议密拿蔡元培、吴稚晖、钮永建和汤尔和四人。

吕海寰的建议背后或许有个人恩怨，但这个建议对两江总督魏光焘来说，无疑相当被动。这儿是自己的辖区，竟然发生反政府、反朝廷的事情，于是他在6月20日向朝廷上了一个密电，建议查禁上海爱国会演说。毫无疑问，魏光焘希望化被动为主动。

对于魏光焘的报告，朝廷迅即批转外务部。外务部在第二天根据魏光焘的建议向沿江沿海各省督抚下达严密查拿的指令。

根据朝廷指令，两江总督魏光焘于6月26日委派江南陆师学堂总办俞明震专程前往上海，会同上海道台与领事团交涉，要求租界当局协助捕拿蔡元培、章太炎等人。

俞明震曾经在甲午战争中协助唐景崧据守台湾，其思想比较开明，爱惜人才。他知道这些所谓反朝廷、反体制的青年，其实热心爱国，都是希望国家进步，只是朝廷政治改革太滞后，遂引发这些激烈的言论冲突。像章士钊原本就是他在南京陆师学堂的学生，其子俞大纯不仅是章士钊的朋友，而且与吴稚晖、钮永建、汤尔和都有不错的关系。因此据说俞明震此次主动请缨前往上海协查，在某种程度有设法保护人才的意思。而魏光焘能够同意俞明震的这种处理方案，除了认同俞的分析外，当然也有大事化小、小事化无的意思。

根据这样的思路，俞明震抵达上海的当天晚上，就约见吴稚晖，以委婉的口气暗示朝廷严厉查处意图，这显然是希望吴稚晖向相关涉案人员透露，未抓先惊，最好各自逃走，大家都相安无事。

鉴于租界特殊的情况，清廷和魏光焘等直接处理此案的相关人员应该都有这种意思，如果能够将这些政治激进主义分子从租界、从上海赶走，流亡海外，就可以减少许多麻烦。所以此次查案就显得很奇怪，朝廷的秘密指令竟然被《中外日报》6月27日发表，而具有官方色彩的候补道陶森甲、俞明震、蒯光典等都曾先后来到爱国学社，劝告蔡元培等人注意言论尺度，不要太出格，以免让朝廷抓住辫子惹来麻烦。

魏光焘、俞明震等人的用意已经很清楚了，所以吴稚晖、蔡元培、章士钊、陈范等能跑的都跑了，他们期待像过去各次一样，躲过了风头，一切如常，关键是要逃过风头。

然而，在这个过程中，就是有人不信邪，比如章太炎。吴稚晖在获悉事情可能不妙的消息后，当面劝章太炎赶快逃走，而章太炎不以为然，反而骂吴稚晖没骨头，小事扰扰。陈范逃跑时也让他儿子设法通知章太炎赶快躲一躲，但同样无法引起章太炎的注意。

章太炎不愿逃跑，当然有自己的考虑，除了骨气外，最重要的是他相信租界是安全的，租界当局会保护他们的言论自由和人身安全。而且，我章炳麟已被清廷查拿七次了，这次是第八次了。我还跑什么呢？大不了就是杀头。我章炳麟敢"反满"、敢革命，志在流血，我这一次就不再跑了，爱咋地咋地。这就是章太炎所具有的烈士或志士情结。

租界当然会保护这些人的言论自由和他们的人身安全，因为在那之前租界保护过康有为、黄遵宪，这可是朝廷通缉的要犯，租界照样保护下来了，毫发无损。现在租界一定还会这样做，因为在"《苏报》案"发生前，巡捕房也多次邀约吴稚晖、章太炎面谈，大意也是只要你们没有藏军火，没有刑事犯罪，那么你们的言论自由和人身安全，租界当局一定会负责到底。所以，章太炎对自己的安全坚信不疑。

吴稚晖、蔡元培、章士钊、陈范等人逃跑后，租界巡捕房开始抓捕。6月29日上午，巡捕房将《苏报》账房先生程吉甫抓获。但这依然没有引起章太炎的警惕，反而使他更加相信租界中的言论自由，你看怎么样，巡捕房抓账房先生是要查报馆的账，这和言论自由无关。

两江总督、上海道台和俞明震之所以迟迟不动手，大概是希望他们赶快逃走；租界当局之所以一再大肆张扬，也是希望这些人闻风逃走，大家都相安无事。然而，租界的一贯立场使清政府勾结上海公共租界工部局查封了《苏报》，章太炎、邹容等先后被捕入狱。这是1903年7月1日，美国人福开森给兼湖广总督端方的密电。章太炎产生了一个惯性判断，他觉得租界过去既然保护过康有为、黄遵宪，那现在一定会保护我章炳麟。而且，我章炳麟只是在言论上反政府、反体制，并没有贩卖军火，更没有组织军队，相信租界既不会抓，更不会治罪。

章太炎的此次判断错了，当巡捕房用各种方式无法惊走他的时候，就将巡捕房逼到不能不动手的地步。6月30日晚，也就是在报馆账房先生程吉甫被捕36小时之后，章太炎也在爱国学社被抓捕。

据说，章太炎被抓捕时非常英雄，当他看到工部局巡捕时，竟然大义凛然地说，其他人都不在，要拿章炳麟，我就是。于是巡捕将章太炎羁押至四马路老巡捕房的楼上。这就是震惊一时的"《苏报》案"。

第六章

初入狱

"《苏报》案"发生，当然与邹容有关，是邹容的《革命军》和章太炎的序文起的作用。不过实话说来，邹容在"《苏报》案"中并不是主要角色，他既不是中国教育会的成员，也不是爱国学社的成员，这件事情与他的关系并不是很大。他在听到消息后逃往海外，或者暂时隐匿起来，估计也就没有多大事情了，因为地方政府对这类事从来都是大事化小，小事化了，最后不了了之，谁也不愿在自己的地盘上惹是生非，弄出几个惊天大案。所以，邹容完全可以躲过这一次灾难。

　　然而，邹容的那位大哥章太炎太想他了，邹容也太相信这位老大哥了。

　　章太炎被羁押后，被关在四马路巡捕房。由于是外国人管理，各方面的条件还不错，并没有中国人管理的监狱、拘留所无故殴打犯罪嫌疑人的情形。唯一使章太炎感到遗憾或不满意的是孤独、寂寞和无聊。

　　按照章太炎的想象，他之所以英雄般地不逃走，是因为他太相信租界当局，然而现在租界当局还是把他给抓来了。更让他气恼的是，那些一起共事的朋友说逃还真的都逃走了，他原本以为那只是说说，谁知道竟然是这样一种结果呢？

　　孤独、寂寞、失落、无聊，在章太炎的心里占了上风，使他莫名其妙鬼使神差地给邹容及龙泽厚写了一封信，希望这两个兄弟能看在患难之交的情分上，自动前来投案，到这里陪陪他这位老哥哥。

　　邹容和龙泽厚都是讲究兄弟情谊的人，和张继一起藏匿在新闸新马路的邹容，7月1日早上收到章太炎的信，被章太炎的情谊所感动，慷慨赴义。张继当然竭力劝阻，但邹容不听。就这样，邹容于当天晚上主动跑到巡捕房投案自首。

　　邹容的做法让巡捕房大吃一惊，因为他们还从来没有遇到这样的事情。他们不知道这个邹容是真是假，甚至担心是流氓故意制造的恶作剧，他们对邹容反复核查，不敢贸然接收。邹容见状反而急了，大声强调我不是邹容，岂肯这样自投罗网？天底下有这样的傻瓜吗？不得已，巡捕房只好将他暂时收监。

巡捕房属于公共租界下的治安机构。根据中国政府与各国政府达成的协议，公共租界并没有独立的司法权，其司法权归属于会审公廨。会审公廨是中英两国政府于1869年协商设立的，是中国政府在特殊历史时期设在一个特殊区域的特殊司法机构，其职能是专门审理发生在租界内的华人犯罪，或无约国国民为被告的民事及刑事案件。会审公廨的专职会审官称为谳员，由上海道台任命。很显然，租界内的司法权依然归属于中国政府。

不过，毕竟租界是由外国人管理，而且许多案件涉及外国人，所以为了工作方便，中国政府同意在案件涉及外国人或外国人雇用的仆人时，可以由外国领事或代表参加会审或观审。至于纯粹的华人案件，则由中国谳员自行断案。

根据这些原则，"《苏报》案"是纯粹的华人涉案事件，犯罪嫌疑人均为中国人，而这些人所攻击的对象又是中国政府，所以当案件发生时，中国政府根据惯例和原则，很自然地要求公共租界将这几个嫌疑人引渡给两江总督府，由中国政府根据自己的法律独立审理。

对于中国政府的要求，租界当局既没有立即同意，也没有完全拒绝。不过引渡移交之前，租界当局坚持要进行独立的案件侦查和调查工作，表示不会立即交出这几个涉案人员，甚至担心中国方面用不正当手段劫持或加害他们。工部局按照西方法律程序为邹容等人配备了律师，并在关押方面按照西方习惯，注意人道，注意尊严。

租界当局暂时不引渡的决定，获得了各国驻沪领事的认同和支持。7月15日，会审公廨第一次提审邹容、章太炎等人。会审公廨的谳员是由中国政府任命的，但这一次会审还是闹出了天大的笑话。

由于租界当局为邹容、章太炎等人配备了洋人律师，所以当审讯刚刚开始，这些律师就公开发难，认为根据相关法规，有被告而无原告，这个案子不能成立，法庭应该宣布这几个人无罪释放。

无罪释放当然不可能，但律师紧接着追问，那么原告是谁？会审谳员被问得不知所措，茫然答道，原告为中国政府。于是清政府的代理人从背后走上前台，代表一个国家起诉这几个人。这确实开了历史上的一个先例。

原告摘引邹容、章太炎等人在《苏报》上发表的文字，认为这些文字故意污蔑当今皇上，心怀叵测，图谋不轨，大逆不道，煽惑乱党。不管清政府代表的指控有多少道理，但这些指控让人觉得不舒服，堂堂一个政府竟然与几个人成了对手，成了控辩双方。这自然使章太炎、邹容等人更加自信，当他们听到这些话时，不禁觉得以中国政府控告他们，这也算是他们的光荣，而且这个控告不在他国法院，而在中国自己所管辖的最小的新衙门，真是千古笑柄。

第一次审讯就这样草草结束了，邹容、章太炎等人仍被英国巡捕押送回关押的地方。据章太炎说，那天沿途观者不禁唏嘘，而他自己似乎很得意，诵"风吹枷锁满城香，街市争看员外郎"而返，好像自己真的就是英雄志士，就是谭嗣同。

7月21日下午两点一刻，章太炎、邹容等5人被巡捕房乘马押解至会审公廨，接受第二次审讯。清政府聘请的律师古柏发言时表示，上次审讯后，查得此案之外另有交涉，有许多事情还没有弄清楚，现在不便向法庭提出，因此原告方请求暂时中止审讯，待调查清楚后另行会商审讯日期。

对于原告的建议，被告章太炎的律师博易在发言时表示反对，认为原告的理由不能成立。根据《公共租界章程》，租界内的事情，应归公堂审理，现在的原告究竟是中国政府，还是江苏巡抚，还是上海道台，被告方都弄不清楚。

对于被告律师的询问,法庭给予解释,表示章、邹等犯,系奉旨着江苏巡抚饬拘,言下之意,属于钦犯,原告也就是中国政府了。

被告律师接着说,政府律师如果不能指出被告所犯何种罪行,又不能说清还有什么事情,那么法庭应该将此案注销,将被告无罪释放。

原告律师哈华托接着说,此案案由最为明白,现在只是等待政府与租界当局进行交涉,一旦议妥,立即开庭。谳员孙建臣接受了原告的建议,此案审判暂时中止,章太炎等人继续在巡捕房被羁押。这就意味着,章太炎、邹容等人不会很快被释放,他们的命运交给了中国政府和租界当局甚至各国政府的幕后谈判。

毫无疑问,原告即中国政府的决定,对章太炎、邹容等人来说是个沉重打击,使他们原本认为事情不会太大,或者租界当局一定会保护他们的想法有了变化,产生了某种失望情绪。到了这个时候,章太炎似乎意识到写信让邹容前来投案可能是一个错误,所以他在第二天(7月22日)写了这样一首诗:

狱中赠邹容

邹容吾小弟,被发下瀛洲。

快剪刀除辫,干牛肉作糇。

英雄一入狱,天地亦悲秋。

临命须掺手,乾坤只两头。

章太炎似乎对前途不再那么乐观了,开始怀疑租界当局很可能在受到中国政府压力不支时将他们引渡给中国政府,果真如此,他和邹容都是死罪。那他写信让邹容投案可就真的是罪孽沉重了。毕竟邹容才刚刚18岁,人生刚刚开始啊!

邹容治印（程陶庵供图）

邹容毕竟刚刚 18 岁，血气方刚，意气风发，决策容易感情用事。根据他的弟弟邹侠丹的记述，邹容在狱中曾寄回一张照片，照片的背面用指血略述被捕后生死未卜，语至哀婉，多少有点后悔，毕竟牵连了家庭。而他父亲邹子璠获悉邹容被捕后，也迅即将邹容留在家中的图书、文稿、照片等付之一炬。不过现在章太炎这位老大哥已有悔意，既然事情已经这样了，那还有什么办法呢？一切听命吧，于是邹容在当天写了一首和诗：

> 我兄章枚叔，忧国心如焚。
> 并世无知己，吾生苦不文。
> 一朝沦地域，何日扫妖氛？
> 昨夜梦和尔，同兴革命军。

这显然是反过来劝慰章太炎不要自责，接受现实。作为小弟弟，能与你这位博学多闻的长者一起坐牢，也算是一种不幸之幸了。

第七章

法庭上

7月22日，第二次审讯结束的当晚，驻沪领事团举行会议，上海道台袁树勋应邀参加。袁树勋在会上要求废除租界会审及租界定罪协议，要求租界当局将"《苏报》案"罪犯引渡给清政府。领事团对袁树勋的建议无法回答。各国领事迅即将此事向驻北京的各国公使做了汇报，各国公使同样表示无法决定，表示请各国政府进行研究，再作决定。

公共租界将章太炎、邹容等嫌犯引渡给中国政府原本并不存在多大障碍，问题主要出在此时在北京发生的沈荩案上。沈荩是敢于说真话的职业记者，当他通过特殊渠道获得中俄有关东三省移交问题的密约后，认为这个条约丧权辱国，于中国不利，遂将这个条约交给《新闻报》发表，世界舆论一片哗然，中俄交涉中止，清政府下令将沈荩逮捕，并于7月31日残忍地将沈荩杖毙于刑部。

沈荩事件引发西方社会的普遍关注和忧虑，认为清政府对言论自由的控制太不人道、太过分，各国公使和各国政府此时如果贸然将章太炎、邹容等人移交、引渡给中国政府，或者中国政府将这几个人同样处置，那么一定会在西方社会引起巨大的震荡。章太炎、邹容得知沈荩被杀的消息后，也非常焦虑，感到自己也有可能被清政府残杀。章太炎在《狱中闻沈禹希见杀》中写道：

不见沈生久，江湖知隐沦。

萧萧悲壮士，今在易京门。

魑魅羞争焰，文章总断魂。

中阴当我待，南北几新坟。

邹容也在和诗中写道：

中原久陆沉，英雄出隐沧。

举世呼不应，抉眼悬京门。

一暝负多疚，长歌召国魂。

头颅当自抚，认为墨新坟。

然而，沈荩之死在某种意义上帮助了章太炎和邹容，经过一段时间的犹豫徘徊，各国政府为了减少来自社会的压力，不愿将章太炎、邹容等人引渡给中国政府，"《苏报》案"审理重回原来轨道。

12月3日，第三次审讯重新开始。这次审理，前后用了4天时间。地点仍然在会审公廨，只是由于此案比较特殊，会审公廨又专门设立了一个"额外公堂"，组成人员有会审公廨谳员邓鸣谦、英国副领事翟理斯、上海县知县汪瑶庭。汪瑶庭的身份是南洋大臣特派代表。

第一天上午十点一刻，审讯正式开始。像往常一样，犯人乘密封的马车由全副武装的巡捕押解到庭。由于天气寒冷，旁听的人并不多，只有几位女士。

原告律师古柏首先代表清政府提出控告，强调证实被关押者有罪，会审公廨有义务适用中国法律和惯例，因为犯罪者都是中国公民，犯罪行为发生在中国领土上，触犯的是中国政府，他们应受到中国法律制裁，这在以往的中外条约中写得很清楚。

在做了几点评论及处理同案中陈仲彝、钱宝仁和程吉甫等人释放事宜后，原被告双方律师的控辩集中在章太炎和邹容身上。原告律师古柏认为，章太炎和邹容被指控的罪名在英国被称为煽动性的诽谤罪。中国法律也像其他国家法律一样，有叛国、煽动暴乱、造反等反政府罪名。最严重的是公开造反，依据中国法律这种罪应给予最严厉的惩罚，所有国家都认为这是最严重的罪行。

在指控章太炎的罪行及提出证据后，原告律师转向邹容。认为邹容的

《革命军》比章太炎的《驳康有为论革命书》更进一步，因为邹容在这本书里触犯了谋杀和屠杀罪。《革命军》提到，王朝将被推翻，余下的满洲人将被灭绝。邹容在书中说亲王大臣目不识丁，将军只知唱京调二黄。古柏认为，邹容《革命军》的这些宣传是世界上最危险的宣传，无政府状态会因此在全国蔓延。这不是改革，这是屠杀。书中的语言是如此疯狂，人们会认为作者邹容是个疯子。虽然作者自己可能不是一名英雄，也不是革命领袖，没有人能说出这种文风从何而来；如果允许这样的东西传播，很容易产生无休止的混乱，还有遍布全国各地的起义。古柏说，我想，邹容自告奋勇地承担全部责任，他没有把自己隐藏在不知名的印刷者和出版者的背后。虽然邹容的作品催生怒火和屠杀，但该被告的状况应给予考虑，可能的话应宽容。邹容已经承认出版与他有关，法庭可以考虑应给他什么样的处罚足以威慑他，以防止他以后再做类似的事情。

很显然，原告律师貌似建议从轻发落邹容，但讨论的前提是邹容已经认罪，这实际上还是一个有罪指控。但是公共租界的代表即观审和被告律师显然不希望判决邹容有罪，于是根本不愿意承认邹容在先前的闻讯中曾承认自己有罪。原告律师、观审及被告律师为此进行了很长时间的争论。这种辩论方式完全是英国式的，原告律师刻意强调《革命军》上没有印刷者、出版者的名字，认为责任就在邹容，而邹容也已经承认了。但被告律师及英国领事的代表不这样认为，他们就是要为章太炎、邹容等进行无罪辩护，因为他们相信言论出版自由是人不可剥夺的权利。

第一天的庭审就这样结束了，控辩双方主要围绕着是否恶意写作，以及与印刷、出版有多大的关联进行。

在第二天（12月4日）的审讯中，控辩双方先是用了整个上午和下午大部分时间对章太炎进行询问，最后留出一段时间询问邹容。询问先由被告律师开始，内容有邹容的姓名、籍贯、家庭状况、经济来源、教育经历、阅读经历等，被告律师琼司与邹容的对答显然是经过仔细的斟酌，完全向着无罪的方向发展：

　　写《革命军》的时候，你仍在日本学习吗？——是的。

　　是你自己出版的吗？——不是。

　　它是你的写作作业的一部分吗？——是的，不仅我，很多其他同学也同我一样写作业。

　　也写文章？——是的。

　　是你自己出版的吗？——不是。

　　你要其他人帮助你出版吗？——没有。

　　是你自己写的还是要其他人代你写的？——是我自己写的。

　　用中文还是日文？——大部分是中文，也有几处引用日文和英文。

　　你什么时候离开日本的？——今年的第三个月。

　　你那时回上海吗？——是的。

　　你回来之后做什么？——回上海后，寄宿在我的朋友章炳麟那里，这样会比住旅馆便宜。

　　在你离开日本之前，看到过你的这本书的印刷本吗？——没有。

　　回上海后你从事什么职业？——我来上海是想搞到一些钱，然后去美国读书。还有很多书和行李还留在日本。

　　你曾经见过印刷的《革命军》吗？如果见过，是什么时候？——大约在今年的第四五个月，我第一次见到印刷的《革命军》。

　　在哪里？——在一个街上卖报的人手里。

　　你有没有买一本？——没有。我知道那里面都是什么内容，因此没有买。

　　讲一讲你被捕时的情况？——关于"《苏报》案"，我听说逮捕令中有的我名字，由于我与《苏报》无关，所以觉得很奇怪，于是前往巡捕房询问。当我到了巡捕房时，碰到一名外国巡捕，就询问他，我是否被通缉，我的名字是否与《苏报》有关。巡捕问我的名字，我告诉了他。他把逮捕令给我看，我在几个被通缉的名字当中看到了我的名字，我被指控写煽动性文章。

你认为你犯罪并试图逃脱吗？——没有。

你是投案自首吗？——我来巡捕房询问时被拘留。

你知道你写的小册子手稿的情况吗？——《革命军》的原稿和我的其他书籍和行李一起放在东京中国学生俱乐部，我得到可以离校一段时间的戌刻后，从日本回上海，这些东西留在那里。

这些都是被告律师琼司的提问，这些提问显然是诱导邹容向无罪方向辩护，而邹容的回答也很机智。只是有几个问题，可能与实际发生的不太符合。比如他说《革命军》只是学生的作业，出版情形也不知道等。如果邹容的这些回答是真的，那么怎么理解章太炎为这本书作序呢？难道是章太炎自愿为一本不准备出版的学生作业作序吗？所以，原告律师古柏接着询问：

这个小册子表达了你现在的观点吗？——我已经改变了我的观点，我现在有新的观点。

你现在不再鼓吹"灭满"？——我现在鼓吹社会主义。

你在多长时间以前放弃了你在小册子中的观点？——在我写好小册子之后，我看了其他书，我认为小册子中的观点是不好的，现在有了新的想法。

你为什么不毁掉小册子的手稿？——我看待这个小册子就如同一个父亲对待他的孩子一样，因此我没有毁掉它。

从手稿到你第一次见到印刷的小册子有多长时间？——在我回上海两个月以后。

你的意思是手稿未经同意从你的作业中作的摘要吗？——原稿仍放在东京的行李中，不可能对它做摘要。

那么你没有手稿了吗？——是的。

你知道它是在上海还是在别的地方被印刷的？——因为不是我自己同意出版的，所以我不知道它是在东京还是在上海被印刷的。

初审时你供认是你出版的，你现在对此否认？——我当时说的是写作业的完成时间，不是出版。

发现它被印刷的时候，不奇怪吗？——很奇怪；我打算回东京调查此事。

你有没有询问供货商是在哪里买的吗？——没有，因为我以前的思想已经改变。

你没有买一本或者询问哪里可以买到吗？——没有，因为我现在想了解的是社会主义，对以前的思想没有兴趣。

你有没有想到你的思想的危险性质？——我不认为那是危险的。

你不认为小册子的宗旨是很危险的吗？——我从书中得到这些思想；如果我没有读那些书，我不会写这个小册子。我从我老师那里获得这些思想。

你没有意识到小册子的宗旨是煽动性的吗？——如果不给其他人看，不会引起任何麻烦。

难道它即使流动也不危险吗？——不危险。

你的意思是说像"杀尽满人"这样的语言也不危险；我的意思是对于那些你没有见过的人。——那是指导我们学习经典的日本老师教给我的。

日本的老师交给你的？——我从日本老师那里听到，并记录下来的。

你的日本老师是谁？——他的名字是 Meidah。

他对日本皇帝也鼓吹同样的思想吗？——那我不知道。其中的一些思想来自英文书。

我明白了，你没有采取步骤弄清楚它在哪里印刷的，也没有阻止其流通吗？——我没有深究，我不是巡捕，也不是本地的地方官，没有权利深究。

与章炳麟的手稿一样，你的手稿也是未经同意被印刷的？——我不在乎是否是这样，因为我现在认为我以前的思想是不好的。

你有其他的书出版吗？——我没有写其他书，我准备写关于社会主义基本原理的书。

你给《苏报》投稿吗？——没有。《苏报》的观点与我完全相反。

你想推翻朝廷吗？——我不想推翻朝廷，我想成为第二个卢梭。

你想致使另一场法国革命发生吗？——如果卢梭是革命家，怎么会为他建立纪念碑呢？

难道卢梭的书不是法国革命发生的主要原因之一吗？——我只希望学习卢梭做的事情，当我写作的时候没有注意我写的东西会有什么影响。

那么你不想在中国导致革命吗？——不；我的思想是没有富人和穷人；每个人地位平等。

假如邹容面对原告律师的这些提问，即便回答都是真诚的，那么我们过去所张扬的邹容思想和形象好像都值得重新讨论了。邹容竭力将我们一向所强调的革命思想向改良思想上拉，不愿承认自己的思想具有革命的暴力的倾向，而且刻意强调《革命军》中的思想主要来源于课堂和书本，更重要的是，"我邹容现在已经不是《革命军》写作时的思想了，我现在倾心于社会主义了"。

邹容的回答显然是出于辩护的需要，因为他的律师为他规划的就是无罪辩护。所以他的律师琼司接着问：

你希望看到改革吗？——不，不是这样；我在《革命军》中写的思想是错误的，现在我想提出社会主义。

出版这些书，你收到过报酬吗？——没有。

尽管邹容在回答中承认了《革命军》中的"思想错误"，但辩护律师依然按照无罪辩护的思路进行。这些资料都是王敏《"〈苏报〉案"研究》最先发现整理出来的，对于重构"《苏报》案"真相具有相当重要的意义。

第八章

无罪辩护

在第三天（12月5日）的审讯中，辩护律师对证人李德立（Edward S. Little）进行了询问，并诱导证人说出了这本小册子的语言十分离奇荒诞，普通的中国人只会认为这是一本"邪恶"的图书，这本书并没有能力组织起革命或煽动起叛乱；而原告律师则作相反的诱导，让证人说出《革命军》确实说要"将满洲人杀尽"，确实表示要赶走皇帝，确实具有煽动性。

听取证据阶段结束后，控辩双方进行法庭辩论。辩方律师琼司首先发言，他认为，邹容只是一个学生，当然他也是一个伟大的爱国者，热切地为国家寻找出路，作为一名作者，他为了这个意图写作；他不是官员，不是有权有势的人，也不是有任何影响的人。琼司认为在缺乏足够证据证明被告恶意为出版或煽动造反而写作的情况下，由政府出面控告被告是不公平的。琼司请原告方严肃地考虑这个问题，即一个理智的人，当他读过《革命军》，是否会按照字面的意思去理解，是否会产生革命、推翻政府的冲动？答案是，阅读者根本不会这样做。只要考虑文章是在何种背景下写作的，以及是由谁来写作的，这些事实就会很清楚地呈现，《革命军》没有被其他人接受的意图，也不会有人通过正常途径阅读后会按照一般的字面意思去行动。

琼司接着说，通过庭审，我们知道邹容的这篇文章只是在日本读书时的一篇普通的课堂作业。在学校读书时，邹容积极参加各种有关政治、历史和国际问题的演讲。由此可以看出《革命军》中的许多思想都是他的老师或演讲者的。邹容自己也承认他的这本小册子实质上是听演讲时的记录和阅读外国政治史所做的笔记。可以想象一下这个年轻人的身份，一个只有19岁的人，把所有精力都用到了研究中。邹容在这个学习过程中，眼界渐开，被各种自己无法把握的新思想所困扰，他不时把这些思想记录下来。就是在这样一种情形下，邹容写成了现在被起诉的文件手稿。

按照琼司的推理，邹容的这些文稿只是听课笔记和读书笔记，并没有出版的期待，没有打算使其进入流通，进而煽动起人们对皇帝的仇恨、蔑视和反叛。邹容的这个手稿，据他说还与其他行李一起放在东京，所以必然的结论就是，邹容没有将这本小册子出版，也没有导致它出版。至于出版者是谁，应该由原告方提供，这是本案的关键。而且，法庭无法证明，这些手稿大量发行，并因此皇帝的威信受到损害，或者因书中的事实煽动起对皇帝的诽谤。

为邹容进行辩护的技巧非常简单，那就是《革命军》只是作者的读书笔记，至于为什么会出版，和作者无关。退一步说，书中的内容无害于政治，并不能从中推导出推翻朝廷、煽动动乱的结论。

对于辩护方的意见，原告律师当然不会同意。原告律师西蒙在辩护总结时指出，法庭的讨论和对《革命军》文字的宣读，已经证明这本书具有诽谤性和煽动性，作者的意图就是要使满洲王朝、皇帝陛下和慈禧太后被憎恶、被蔑视。书中的语言"邪恶、粗鄙、无理"，如果对此不予以惩罚，那么中国政府就是软弱的政府。

原告律师西蒙还强调，邹容在法庭上的表现可能是设计好了的。他在法庭上说自己已经改变了政治信仰，现在是社会主义者。由此很容易看出，邹容可能因为《革命军》陷入了麻烦，才改变了观点，是由于被指控被捕。另外，邹容还有一个最好的借口，就是只有19岁，但他继续与《苏报》中那些改革者、革命者为伍，很可能一样具有煽动性。

至于邹容和他的辩护律师反复强调手稿还在东京，上海出版的《革命军》不关邹容的事，西蒙给予反驳，认为这是一个很难令人置信的巧合。而且，邹容在上海见到这本出版物在销售，从未去调查是谁将这个手稿拿去出版。这对被告律师反复强调的穷学生来说，太不可思议了。所以原告律师的结论就是，《革命军》极具煽动性和危险性。这类作品扩散的可能性应该被阻止，作者应该受到必要惩罚。

被告律师做了无罪辩护，原告律师做了有罪指控，实事求是地说，他们的辩护与陈述都各有各的道理。只是这种政治事件，而且又是发生在中国的反政府事件，究竟应该怎样惩处，肯定不是一个简单的法律问题，而是一个政治问题。会审公廨特别法庭没有在当天作出判决，他们肯定还有许多事情要商量。

第九章

魂断西牢

会审公廨专门为审理"《苏报》案"而设立的"额外公堂"走完了全部司法程序，但如何判决，肯定不是"额外公堂"能够决定得了的。然而到了12月9日上午，汪瑶庭在会审公廨宣布了法庭对章太炎、邹容等人的判决，认为邹容作《革命军》一书，谋为不轨，更为大逆不道。邹容与章炳麟"'同恶相济，罪大恶极'，实为大清国法律所不能容，亦为各国公法所不能恕。查例载不利于国，谋危社稷为反不利于君，谋危宗庙为大逆，共谋者不分首从皆斩。又例载'妄布邪言'，书写张贴煽惑人心，为首者斩立决，为从者绞监候。邹容、章炳麟照例科罪，皆当处决。只是考虑到现在正逢万寿开科，广布皇仁，照拟减定为永远监禁，以杜乱萌而靖人心，俾租界'不肖之徒'知所警惕而不敢为'匪'，中外幸甚"。

汪瑶庭的这个宣判只是清政府的一面决定，甚至是"额外公堂"开庭前上海道台袁树勋拟定的几条原则，是不经审讯就可以判定的罪行，是完全依据大清律而做出的判决。这个判决或许合乎朝廷的利益，但显然不能被英国方面所接受，并不符合英国人的立场。

在案件审理期间，英国方面多次通过各种方式向中国方面透露过自己的立场和处理原则，暗示对章炳麟、邹容的判决最多不能超过三年监禁。这一点是中国方面非常清楚的，所以这也是中国方面急于宣判的一个重要原因。也就是说，或许中国方面知道这个宣判会被推翻，但也要以这种方式警告那些造反者，以表明朝廷的立场。

英国人能够接受的底线早就告诉了中国人，所以汪瑶庭擅自单方面宣判立即引来英国副领事的抗议，表示这个结果并没有和英国方面协商，英国方面也不能接受，因此这个宣布没有任何实际意义，是无效的。

按照大清律，章太炎、邹容当然应该永远被监禁，只是由于他们是在租界犯事，判决的执行权并不在中国人手里，而在租界。租界方面的反对就意味着这个判决无法执行，在事实上就变成了没有意义。

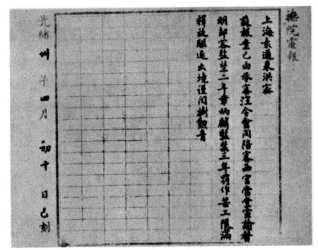

上海公共租界会审公堂非法判处章太炎监禁三年、邹容监禁二年徒刑。这是上海道袁树勋的密电。

英国方面向中国施压的手段也非常简单，他们通过外交途径告诉中国方面，可以考虑同意让会审公廨"额外法庭"重新开庭审理，自己纠正，可以对章太炎、邹容进行有罪判决，但监禁的最长期限不能超过三年。如果中国方面做不到这一点，那么公共租界就不会承认这个判决；如果中国方面刻意拖延这个新判决，那么公共租界决定将这几个嫌犯全部无罪释放。

后经协商，中国方面不得不接受英国人划定的监禁期限，而租界方面表示可以不再重新开庭审理。于是在租界划定的宣判期限的最后一天，即1904年5月21日上午，汪瑶庭专程前往会审公廨宣布新的判决，认为邹容作《革命军》一书，章炳麟作《訄书》，并作《〈革命军〉序》，又有《驳康有为论革命书》一书，言词纰缪，形同悖逆。彼二人者同恶相济，罪不容恕，议定邹容监禁两年，章炳麟监禁三年，罚作苦工，以示炯戒。限满开释，驱逐出境。

按照惯例，章太炎、邹容的刑期自巡捕房抓捕之日算起，这样章太炎还需要在监狱中度过两年多的时间，而邹容还有差不多一年。宣判不久，章太炎、邹容就被移交给了提篮桥西牢，这个监狱也是由外国人管理的。

大约像所有监狱一样，章太炎、邹容刚入狱时，也受到非人道的待遇，监狱方将他们投掷在一个空房间中，让他们直观见识了狱卒的残暴和犯人的痛苦。章太炎、邹容相与咋舌裂眦，担心自己受不了这份苦。章太炎伤心地对邹容说：你我身体如此虚弱，又不可能甘心受到他们的侮辱，与其被这些白人凌辱殴打而死，还不如我们早点自我了断。不过，你的刑期还有很短时间，你应该坚定地活下去，如果我章炳麟死了，他们也一定会担心名声太坏而改善你的条件。邹容闻言哽咽流涕，表示大哥真死了，小弟活着也没有意义。

监狱方其实早都防着犯人自杀，所有能够自杀的工具早就被收走，他们能够使用的工具只有一个，那就是绝食，就是饿死。

主意既定，章太炎和邹容联手作了几首绝命词：

击石何须博浪椎（邹），群儿甘自作湘累。
要离祠墓今何在（章），愿借先生土一坯（邹）。

平生御寇御风志（邹），近死之心不复阳（章）。
愿力能生千猛士（邹），补牢未必恨亡羊（章）。

句东前辈张玄箸，天盖遗民吕晦公。
兵解神仙儒发冢，我来地水火风空（章）。

此后，章太炎和邹容两个人相互勉励，开始了绝食。然而绝了五六天，除了咳嗽吐血外，根本没有要死的迹象。有狱友告诉章太炎和邹容，有的人绝食四十多天仍不死，你这仅仅五六天当然没有用了。你其实不必这样做，在这个监狱里，500人中每年就有160人因为各种原因而死。所以真想死就不必着急。

狱友的话启发了章太炎。章太炎遂对邹容说，食亦死，知必死。我知道怎样应对这件事情了。从此他们兄弟二人好吃好喝，但凡遇到狱卒想欺负他们，章太炎就毫不客气挥以老拳，或者将狱卒手中的武器夺过来对打。章太炎固然知道自己不是狱卒的对手，但他更知道司马迁所说的"知死必勇"的道理。他虽然往往被狱卒打得死去活来，但他也确实对那些可恶的狱卒痛下狠手，当然他也受到更严酷的报复。而邹容由于懂点英语，能够与外国狱卒进行简单交流，稍与委蛇，所以邹容在那段时间并没有像章太炎那样受到狱卒的迫害和暴打。

或许是因为监狱中的伙食太差了，或许是邹容年轻气盛内火太大，或许是因为邹容的身体底子原本就不是那么太好，总之邹容离出狱还只有两个月的时候却病倒了。整天想睡睡不着，辗转反侧，夜半独语到了

位于上海的邹容墓

天亮又睡不醒。章太炎认为邹容的病根是年轻气盛，急火攻心，他给邹容开了一副中药进行调理，但外国人管理的监狱根本不允许。章太炎再建议请日本医生诊视，监狱当局仍然不同意。就这样又拖了40天，经章太炎无数次交涉，狱医前来诊视，表示并没有什么大病，可能就是身体太虚弱了。狱医向监狱方面做了建议，对邹容的饮食也有所改善，每天供应一些牛奶。

又过了二十来天，狱医再来诊视，发现邹容的病情不但没有好转，反而更加恶化。狱医向监狱方面建议假释邹容，保外就医。然而这些假释手续还没有来得及办，邹容就于1905年4月3日凌晨病逝于狱中。

邹容病逝狱中的消息传出后，叶瀚函告蔡元培，遂由《中外日报》馆备棺收尸装殓。4月5日，中国教育会五十多人在愚园召开追悼会。第二天，

在重庆建立的邹容烈士纪念碑

中国教育会又在爱国女学校召开一次专门会议，讨论善后，决定将邹容的灵柩暂停于四川会馆，一面择地，一面通知邹容的家属。翌年忌日，义士刘东海（刘三、刘季平）将邹容灵柩运往上海县华泾乡黄叶楼秘密安葬，这块墓地是刘东海的私产，刘东海自愿捐出。

1906 年，即邹容去世的第三年，章太炎含泪写成《邹容传》。又过了 5 年，中华民国临时大总统孙中山发布命令，追赠邹容为"陆军大将军"。

邹容年谱简编

1885 年　1 岁（虚岁）

生于四川重庆巴县一个商人家庭，字蔚丹、威丹、绍陶等。

1901 年　17 岁

7 月，赴成都参加留学生考试，成绩优秀，受到四川总督召见，但后来以不够"端谨"为由，被取消了官费留学资格。

秋，到上海江南制造局广方言馆补习日语。

1902 年　18 岁

春，东渡日本，入东京同文书院学习。

1903 年　19 岁

1 月 30 日，在东京留学生集会上发表演说，号召推翻清廷，"驱逐"满人。

3 月 31 日夜，和几个学生一起教训学监姚文甫，将其辫子剪掉。

4 月，担心受到迫害，返回上海，结识章太炎、章士钊等革命者。章太炎为其《革命军》未定稿润色并作序。

6 月 30 日，"《苏报》案"发生，章太炎被捕。

7 月 1 日晚，至巡捕房自首。

7 月 15 日，会审公廨第一次提审。

7 月 21 日，第二次提审。

12 月 3 日，第三次提审。

12 月 4 日，法庭问询。

12月5日，辩护律师作无罪辩护。

12月9日，会审公廨判永远监禁。

1904 年　20 岁

5月21日，改判为两年监禁。

1905 年　21 岁

4月3日，凌晨时分病逝于西牢狱中。